VTOPO

ARDÈCHE TOME 2

Gérard BRUN

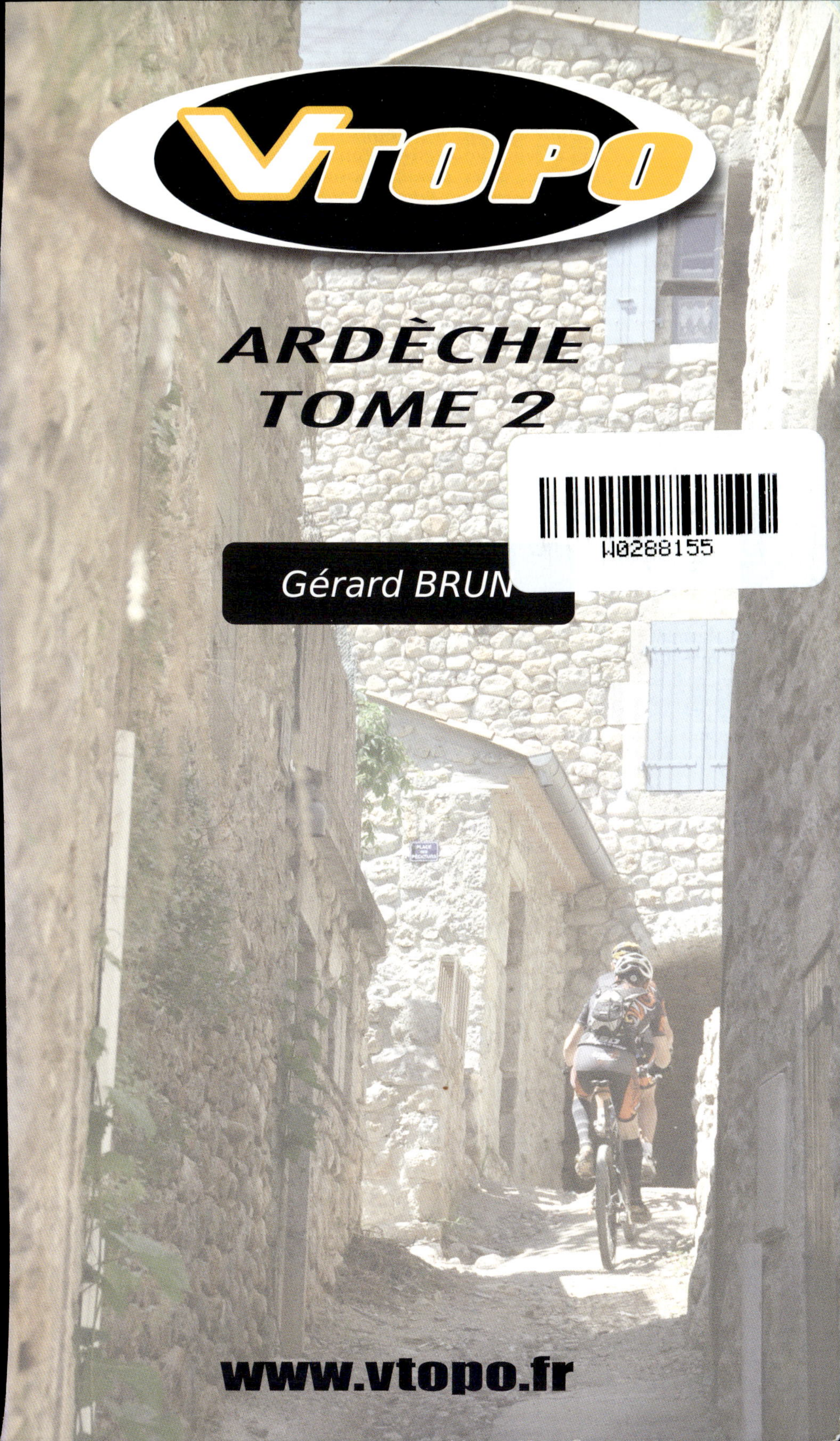

www.vtopo.fr

REMERCIEMENTS :

Si l'auteur a beaucoup transpiré sur son vélo et devant son ordinateur pour réaliser ce VTOPO, pour autant, il a heureusement bénéficié de l'aide précieuse de beaucoup d'amis vététistes, tous experts et amoureux du Sud Ardèche, notamment les deux Domi, Chouchou, Michel, Bruno, Bernard, Jean-Yves, Gérard, Jean-Francois, Edmond, avec une mention spéciale pour Mathieu, et sans oublier Doudou pour son soutien et sa patience ! Un grand merci aussi à tous les membres des clubs d'Aubenas-Vals, Labeaume et Vallon-Pont-d'Arc.

Découvrez toute la collection VTOPO sur le site internet officiel :
http://www.vtopo.fr

Dépôt légal : avril 2011
ISBN 978-2-916972-24-4
Achevé d'imprimer en mars 2011 en France

Collection dirigée et créée par Cédric TASSAN

Crédit photo :
Toutes les photos sont de l'auteur sauf :
- Damien Rosso : p96
- Cédric Tassan : p5, 6, 7, 19, 21, 53, 78, 82, 99, 106, 117, 158

52 CIRCUITS POUR TOUS

Si le tome 1 explorait les chemins du nord de l'Ardèche, ce tome 2 complémentaire, part à la découverte de toute sa partie sud, celle qu'on nomme Ardèche Méridionale. Elle est bordée par des frontières naturelles très marquées et quelques peu hermétiques aux grandes voies de communication, notamment à l'Ouest les contreforts du Massif Central et au Sud les Gorges de l'Ardèche : en effet, vous ne trouverez en Ardèche Méridionale ni autoroute, ni voie ferrée. Si cet enclavement a freiné un développement économique classique, en revanche, il a permis de préserver son important patrimoine naturel qui aujourd'hui en fait sa principale richesse.

La recette du succès touristique de l'Ardèche Méridionale ? Rien de plus facile : mélanger entre elles des régions au relief, à la géologie et à la végétation très différents, les saupoudrer d'une myriade de petits villages aux maisons de pierre multi centenaires, et après y avoir gravé des vallées aux rivières sauvages et profondes, laisser cuire le tout sous les chauds rayons d'un soleil méditerranéen ! De plus, l'activité agricole des siècles passés a façonné les paysages et y a laissé des traces indélébiles : une multitude de sentiers, calades et autres drailles relient les hameaux entre eux, arpentent les pentes étagées de faïsses, franchissent les montagnes ou permettent d'accéder au fond des vallées perdues.

Vous l'aurez compris à cette brève description, l'Ardèche Méridionale est le paradis du VTT ! Mais comme tout paradis, il se mérite... Sa complexité géographique et son relief tourmenté ne permettent pas de la découvrir facilement, en peu de temps et à la simple lecture d'une carte. C'est pour cette raison que ce VTOPO a été élaboré avec un objectif principal : faire en sorte qu'un maximum de vététistes puisse découvrir et goûter à un maximum des charmes de cette fabuleuse région. Pour cela, il a d'abord été recherché une répartition géographique la plus homogène possible, couvrant tout le domaine en question et passant par le plus grand nombre de points remarquables, voire par des sites absolument uniques. Ensuite, il a été visé un choix le plus vaste possible en termes de niveaux. Si le terrain exigeant ne laisse pas beaucoup de place aux circuits courts ou plats, en revanche, la majorité des tracés a été déclinée en différentes variantes, variantes décrites en italiques dans chaque descriptif. Elles offrent des distances plus courtes, des dénivelés moins importants, ou des difficultés amoindries. Inversement, des associations intéressantes de tracés sont proposées, soit pour augmenter des tracés, soit pour construire des circuits itinérants. De plus, pour un même tracé chaque saison présente une version particulière et différente : couleurs de la végétation, température, nature du sol, odeurs, niveau des rivières, etc... ; c'est encore une déclinaison supplémentaire pour des découvertes et des sensations toujours nouvelles.

Le résultat est là : 52 circuits de base, soit plus de 1400 km et 37000 m de dénivelé positif, auxquels s'ajoutent une quarantaine de variantes, pour un véritable choix « à la carte » pour tous les goûts et tous les niveaux ! Et malgré tout, l'objectif n'est peut-être que partiellement atteint, tant les possibilités offertes sont infinies. A quand le tome 3 ?... Par ailleurs, les clubs de VTT de la région, notamment ceux de Labeaume, de Vallon-Pont-d'Arc, des Vans et d'Aubenas-Vals, sont particulièrement actifs, et ont plaisir à faire découvrir notre région à tout vététiste intéressé. N'hésitez pas à les contacter ! Enfin, le CTAV, club d'Aubenas-Vals, organise chaque année paire, à la Pentecôte, une extraordinaire randonnée de 2 jours avec bivouac, « la Valsloppet ». Réservée à un nombre limité de vététistes confirmés, elle a à cœur d'offrir à chaque édition de nouveaux parcours, toujours époustouflants, dans tout le Sud Ardèche.

A vous de jouer maintenant, et bonne découverte de cette merveilleuse Ardèche !

Gérard Brun

VTOPO

Vue sur Thines

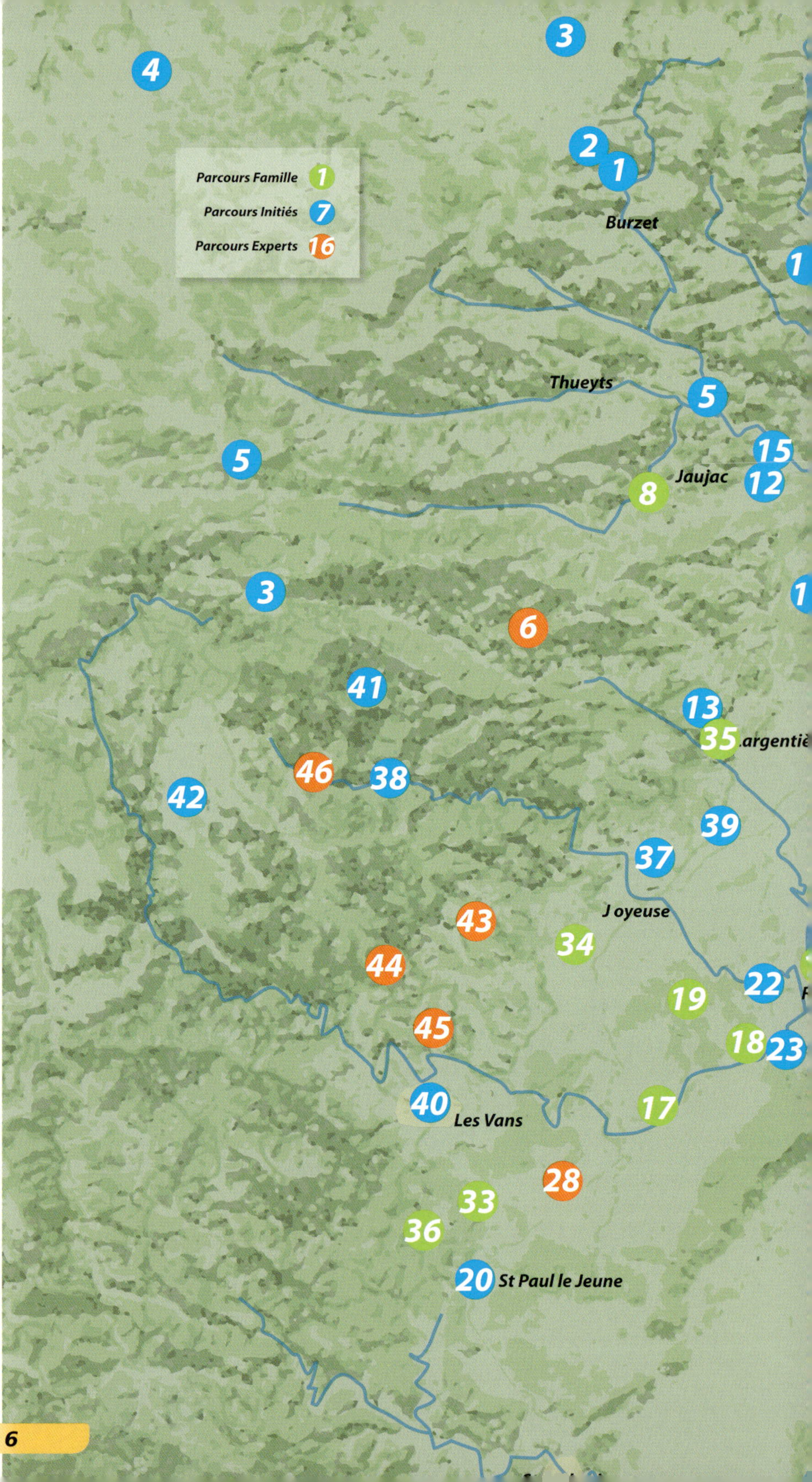
Parcours Famille 1
Parcours Initiés 7
Parcours Experts 16
Burzet
Thueyts
Jaujac
Joyeuse
Les Vans
St Paul le Jeune

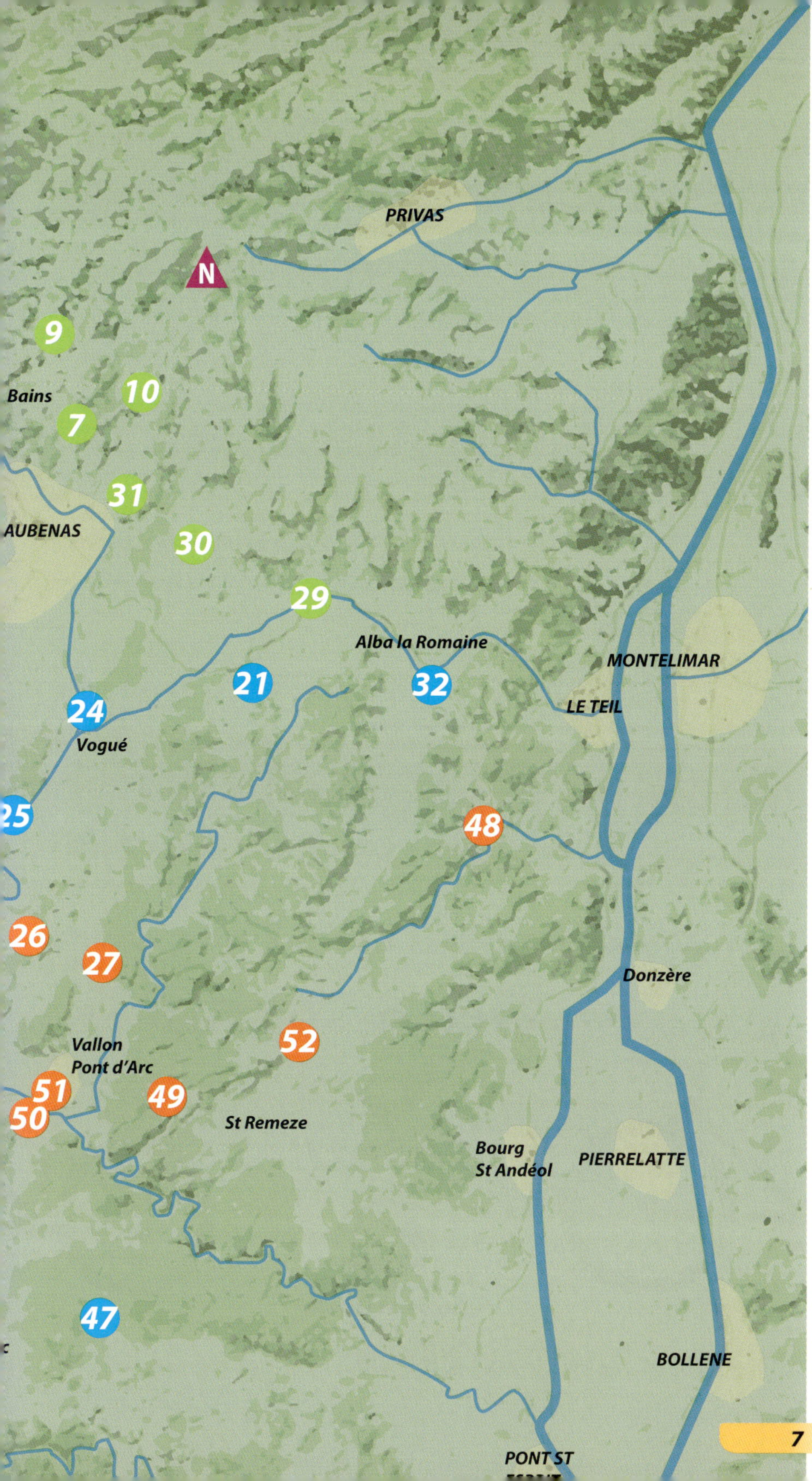
PRIVAS
N
9
Bains
10
7
31
AUBENAS
30
29
Alba la Romaine
MONTELIMAR
21
32
24
LE TEIL
Vogué
25
48
26
27
Donzère
Vallon
Pont d'Arc
52
51
49
50
St Remeze
Bourg
St Andéol
PIERRELATTE
47
BOLLENE
PONT ST

N°	Accès au départ des circuits par rapport à Aubenas
1	Direction Nord-Ouest, 26 km par la N102 puis la D536 et enfin la D26
2	Direction Nord-Ouest, 26 km par la N102 puis la D536 et enfin la D26
3	Direction Nord-Nord-Ouest, 43 km par la D578, Mézilhac, puis la D122 et la D378
4	Direction, Ouest-Nord-Ouest, 55 km par la N102, puis la D16
5	Direction Ouest, 45 km par la N102 puis la D239
6	Direction Ouest-Sud-Ouest, 31 km par la 104, puis la D5, Largentière, la D5, puis la D24
7	Direction Nord, 8 km par la D218
8	Direction Ouest, 14 km par la N102, puis la D19
9	Direction Nord, 13 km par la D218
10	Direction Nord-Est, 8 km par la D104
11	Direction Nord, 14 km, par la N102, Vals-les-Bains, puis la D543
12	Direction Ouest, 10 km par la N102, Lallevade, et la D19
13	Direction Sud-Ouest, 23 km par la D104, puis la D5, Largentière, et la D305
14	Direction Ouest-Sud-Ouest, 10 km par la D235,puis la D539
15	Direction Nord-Ouest, 12 km par la N102
16	Direction Sud, 24 km par la D104 puis la D4
17	Direction Sud, 34 km par la D104 puis la D208
18	Direction Sud, 26 km par la D104, puis la D4 et la D245
19	Direction Sud, 28 km par la D104, puis la D4 et la D208

20	Direction Sud-Ouest, 43 km par la D104
21	Direction Sud-Est, 15 km par la N102
22	Direction Sud, 26 km par la D104, puis la D4 et la D245
23	Direction Sud, 28 km, par la D104, puis la D4, Ruoms, et la D11
24	Direction Sud, 11 km par la D104, puis la D579
25	Direction Sud, 17 km par la D104, puis la D294
26	Direction Sud, 24 km par la D104, puis la D4
27	Direction Sud, 24 km par la D104, puis la D579 et la D1
28	Direction Sud-Ouest, 38 km par la D104
29	Direction Est, 20 km par la N102
30	Direction Est, 15 km par la N102, Lavilledieu, puis la D224
31	Direction Nord-Est, 8 km par la D104
32	Direction Est, 26 km par la N102, puis la D107
33	Direction Sud, 44 km par la D104, puis la D901
34	Direction Sud-Ouest, 27 km par la D104
35	Direction Sud-Ouest, 19 km par la D104, puis la D5
36	Direction Sud, 44 km par la D104, puis la D901
37	Direction Sud-Ouest, 22 km par la D104
38	Direction Ouest-Sud-Ouest, 44 km par la D104, Joyeuse, puis la D203 et la D220
39	Direction Sud-Sud-Ouest, 19 km par la D104
40	Direction Ouest, 58 km par la N102, col de la Chavade, puis la D239 et la D24
41	Direction Ouest, 58 km par la N102, col de la Chavade, puis la D239 et la D24
42	Direction Ouest-Sud-Ouest, 52 km par la D104, Joyeuse, et la D4
43	Direction Sud-Ouest, 27 km par la D104
44	Direction Sud-Ouest, 42 km par la D104, Joyeuse, puis la D207
45	Direction Sud-Ouest, 37 km par la D104, Lablachère, puis la D104a
46	Direction Ouest-Sud-Ouest, 55 km par la D104, Joyeuse, et la D4, Montselgues
47	Direction Sud, 49 km par Ruoms et Vallon-Pont-d'Arc, puis la D217
48	Diection Sud-Est, 34 km par la N102, puis la D107
49	Direction Sud, 39 km, dont 6 après Vallon-Pont-d'Arc par la D4
50	Direction Sud, 34 km par la D104, puis la D4, Ruoms, et la D578, Vallon -Pont-d'Arc
51	Direction Sud, 34 km par la D104, puis la D4, Ruoms, et la D578
52	Direction Sud-Est, 45 km par la N102 puis la D107, St Thomé, et la D362

Randonnées Guidées
Demi-journée, journée, Séjours
Roulez bien accompagné en Ardèche !
cycles amc7
GRAPHOUI • 06 11 94 59 18 • 03/2011
www.amc7.com
Vente • Réparation • Location
07230 MAISONNEUVE
TÉL : 04 75 35 98 29
LOOK
LAPIERRE ultimate cycles
MCF Sud-Ardèche

Cartouche contenant la distance, le dénivelé, l'horaire ainsi que la difficulté technique

Numéro et nom du circuit

Présentation du circuit

44 - ST PIERRE LE DÉCHAUSSELAT MALARCE

V4

Distance 23 km
Dénivelé 790 m
Horaire 3h00
Difficulté V4

La légende dit que le nom de St-Pierre-le-Déchausselat viendrait du fait que la statue de St Pierre dans l'église n'aurait qu'une seule chaussure. Ce tracé, en commençant par grimper sur les hauteurs, vous offre ensuite, jusqu'au Chassezac en fond de vallée, une des plus belles descentes de la région... à consommer sans modération !

Rappel de la difficulté technique

ITINÉRAIRE

(430 m) Départ du parking à coté de la mairie, au pied du chemin menant à l'église. Prendre la petite route vers le nord qui grimpe sur Combe Longue et qui se transforme au bout de 600 m en piste sur la gauche. Poursuivre jusqu'au sommet puis en crête jusqu'à rejoindre la route D10 au km 4,3. La prendre sur la droite pendant 1,4 km jusqu'à un carrefour avec des pistes.

(1 : 750 m – 5,7 km) A ce point, il faut emprunter brièvement, moins de 400 m, celle de gauche pour attraper le GR4, à suivre alors à gauche plein sud. Ne plus le lâcher : tout d'abord une partie en crête sur piste jusqu'au km 8,9, puis la descente de rêve, ni trop technique, ni trop facile... A la route, la traverser pour poursuivre le GR, en préférant l'option du sentier de gauche.

(2 : 385 m – 11,0 km) A nouveau sur la route en contrebas, abandonner le GR pour suivre la route en descente pendant 900 m jusqu'au carrefour du hameau du Puech. Là, prendre la piste à gauche-gauche vers l'est jusqu'aux Trouillasses pour une nouvelle descente ludique jusqu'à la route surplombant le Chassezac. La suivre sur la gauche pendant 900 m.

(3 : 220 m – 13,7 km) Prendre alors la piste à gauche montant au hameau de Luminière. A la sortie du hameau viser tout droit par la petite route celui de Seyras sur la route de crête, la D10.

Description détaillée du circuit présenté. Les accès au départ du parcours sont rassemblés en page 8

126

Points intermédiaires de la carte que l'on retrouve dans le texte sous la forme (1 : 750 m - 5,7 km) par exemple.
1 : indique le numéro du point intermédiaire
750 m : précise l'altitude à laquelle se trouve ce point
5,7 km : donne la distance du point par rapport au point de départ

Zone géographique

Point de départ de la randonnée matérialisé par un rond

Échelle de la carte et orientation

PIÉMONT CÉVENOL

(4 : 390 m – 16,7 km) Prendre cette route à gauche et au sommet de la petite bosse prendre la piste à droite, celle du milieu en fait. Elle tourne très vite vers le nord pour suivre le versant de manière isoniveau. En fond de vallon elle passe sur le versant opposé. Attention, 1,2 km après ce changement de versant la piste à gauche remonte directement à St Pierre mais elle nécessite un poussage. Lui préférer donc celle de droite en restant isoniveau, pour prendre à gauche seulement 1,5 km plus loin. Le parking de départ n'est plus qu'à 700 m.

Association intéressante : avec le circuit « les Vans St-Pierre-le-Déchausselat » pour faire un grand huit, avec tout de même 5 km de partie commune au milieu. Le résultat est cependant un tour grandiose et varié à faire à la journée.

127

L'Ardèche

Le département de l'Ardèche s'étire dans le sens Est-Ouest de la Vallée du Rhône aux contreforts du Massif-Central, et dans le sens Nord-Sud pratiquement de St Etienne dans la Loire à Alès dans le Gard. C'est dire les contrastes qui en résultent, aussi bien en climat, en relief, et en activité humaine !
L'Ardèche Méridionale est la partie au sud de la préfecture Privas, plus précisément au sud d'un arc montagneux constitué par la Montagne Ardéchoise et le Massif du Coiron, qui l'abrite efficacement des froideurs et des intempéries venant du nord. Si son joyau naturel connu de tous, les Gorges de l'Ardèche, l'a rendue célèbre au-delà de nos frontières, l'Ardèche Méridionale en recèle beaucoup d'autres, qui font du tourisme sa principale activité économique. Son enclavement géographique, sans autoroute ni voie ferrée, a permis de préserver son caractère authentique, et son climat méditerranéen parachève le tout pour en faire un paradis naturel apprécié de tous. La diversité des paysages, plaines, montagnes, rivières, forêts,... le tout sur une surface réduite, est sa grande force.
Chacun peut y trouver son bonheur !

Le découpage de ce VTOPO

- La Montagne Ardéchoise : Au Nord-Ouest de l'Ardèche Méridionale, frontière naturelle avec la Haute-Loire, authentique, pur et dur plateau montagneux ne laissant pas de place à la demi-mesure, beauté sauvage et rudesse garanties !

- La Haute-Cévenne : Au centre Nord de l'Ardèche Méridionale, articulation verdoyante, vallonnée et vivante entre la Montagne Ardéchoise à l'Ouest et et le Bas-Vivarais au Sud.

- Le Bas-Vivarais : Au centre Sud de l'Ardèche Méridionale, niché entre le Plateau des Gorges à l'Est et le Piémont Cévenol à l'Ouest, mariage harmonieux d'une douce plaine limoneuse et d'un rude karst calcaire entaillé de rivières, à la fois reposant et exigeant.

- Le Massif du Coiron : Au Nord-Est de l'Ardèche Méridionale, massif aride et volcanique faisant la liaison entre et la Montagne Ardéchoise et la Vallée du Rhône, douceur, rondeurs, et belles vues panoramiques à l'infini.

- Le Piémont Cévenol : Au Sud-Ouest de l'Ardèche Méridionale, frontière naturelle avec la Lozère, descente pittoresque et sauvage de la Montagne Ardéchoise au Bas-Vivarais.

- Le Plateau des Gorges : Au Sud-Est de l'Ardèche Méridionale, liaison entre le Bas-Vivarais et la Vallée du Rhône, frontière naturelle avec le Gard, toute l'histoire géologique et humaine de la région condensée dans ce plateau préservé recelant des joyaux naturels uniques et intacts.

Les circuits VTOPO et la région

Pour apprécier les tracés proposés dans les meilleures conditions, il faut garder à l'esprit quelques spécificités et principes locaux, voire quelques évidences qu'il n'est pas inutile de rappeler :

- *Le vététistes et les autres :* Le vététiste partage la nature avec d'autres pratiquants de loisirs ou sports de plein air : randonnée à pieds, ramassage de champignons, randonnée équestre, chasse, pêche, etc... Pour une bonne entente entre tous il est nécessaire de se respecter mutuellement, notamment en ralentissant, en se saluant, et mieux, en échangeant cordialement. Et de la même manière avec tous les habitants des villages et hameaux traversés.
Il la partage aussi avec des professionnels : agriculteurs, éleveurs, viticulteurs, apiculteurs, etc... Là aussi le respect est de mise : une clôture ne doit pas être forcée, mais normalement ouverte puis obligatoirement refermée, les champs cultivés ne doivent pas être traversés mais longés, le bétail ne doit pas être effrayé, etc... Une attention particulière doit être portée sur les clôtures électriques basses, donc peu visibles, pour la protection contre les sangliers.

- *La météo locale :* Les différents secteurs géographiques de l'Ardèche Méridionales sont très contrastés et de ce fait leur météo l'est de même. Il n'est pas rare de partir d'Aubenas avec un bon 20°C pour se retrouver 30 km plus loin sur la Montagne Ardéchoise avec une température proche de 0°C et une burle à glacer le sang ! Ne pas l'oublier dans son choix vestimentaire.
En cas de pluie, les rochers calcaires deviennent une véritable patinoire avec toutes les conséquences associées, aussi bien en montée qu'en descente.
Attention aussi au niveau rapidement variable des rivières : soit par lâcher de barrage, soit par temps d'orage.
En période estivale et par grand vent, l'Ardèche Méridionale est malheureusement sujette aux incendies de forêts : attention donc à ne pas en déclencher, et surtout à ne pas en être victime.

- *Les chemins :* Sous la pression de la conquête de l'habitat sur la campagne, à tout moment un sentier peut se transformer en chemin, un chemin en piste et une piste en route. Inversement, un manque d'entretien ou de passage peut provoquer le phénomène inverse. Ce qui est vrai au moment de la rédaction d'un guide, peut donc ne plus l'être quelques temps après.
Concernant l'entretien des chemins, les vététistes, en tant qu'utilisateurs, se doivent d'y participer activement. Ne pas hésiter à remettre en place des pierres tombées des murets, à couper des branches trop envahissantes, etc...
La nature du terrain, par la géologie locale, est souvent rude et cassante, aussi les vélos « tout-suspendus » sont fortement recommandés.
Le sens des circuits proposés est à respecter impérativement. Il a été étudié pour le moins de fatigue et le plus de plaisir. En revanche, à l'intérieur d'un circuit le point de départ peut être différent de celui indiqué, sachant tout de même qu'il a été privilégié de manière générale des montées en départ pour des descentes en arrivée, ce qui est plus logique et confortable.

- *La sécurité :* Si l'isolement géographique et l'éloignement de la « civilisation » sont source de plaisir en VTT, autant en cas de sortie solitaire ils peuvent être cause de risques aggravés. Pour les diminuer, ne pas oublier de partir avec un téléphone portable et de bien expliquer à ses proches le circuit effectué.
Pour la même raison, toujours prendre avec soi une trousse de réparation digne de ce nom, ainsi qu'une trousse de 1er secours.
Compte tenu de la nature particulièrement accidentée et agressive du terrain, le casque est fortement recommandé, pour ne pas dire obligatoire.
Sur une piste, même semblant venir du fin fond du bout du monde et peu carrossable, il est toujours possible de croiser un véhicule. Il est donc utile de ne pas l'oublier, notamment dans les descentes rapides et pendant les périodes de chasse.
Devant la disparition inéluctable des fontaines publiques, bien se souvenir que tout village normalement constitué possède obligatoirement un point d'eau potable à son cimetière.

- Distance :

mesurée dans la plupart des cas grâce à un système GPS informatique. Cette méthode est à apprécier avec une précision de +/- 5%.

- Dénivelé :

calculé sur la base uniquement du dénivelé positif, c'est à dire celui effectué à la montée. Pour des circuits comportant plusieurs remontées, le dénivelé donné, est celui de la somme de toutes les montées. Le dénivelé négatif sera mentionné uniquement pour des itinéraires purement "descentes" ou des traversées, c'est-à-dire avec des points de départ et d'arrivée différents. Dans ce dernier cas, il sera mentionné Dénivelé signifiant Dénivelé positif/Dénivelé négatif.

- Durée :

estimée en ne comptabilisant que le temps de roulage. En quelque sorte, c'est le temps qu'indiquerait un compteur. Les pauses, d'aucune forme que se soit, ne sont prises en compte. Il faut considérer la durée comme le temps minimum nécessaire pour effectuer les itinéraires. En effet, les pauses repas, photos, les recherches d'itinéraires, les arrêts tout court peuvent considérablement augmenter le temps de présence sur le terrain, jusqu'à doubler la durée indiquée.
Bien entendu, selon la difficulté de l'itinéraire, la durée n'est pas estimée de la même façon. Sur un itinéraire montagneux, on se basera plutôt sur la vitesse ascensionnelle (250 m/h à 350 m/h pour un circuit côté V1, V2 ou V3 et 450 m/h minimum pour un circuit V3 ou plus). La vitesse de descente varie selon la technicité du tracé.
Pour un circuit avec peu de dénivelé, on se basera pour l'ensemble du tracé sur la vitesse linéaire (10 km/h pour un circuit V1, V2, ou V3 - 16 km/h pour un circuit V4 ou plus). Par conséquent la durée de l'itinéraire est à considérer avec recul, étant donné qu'elle est purement subjective. Elle donne une idée du temps passé sur le terrain.

- Difficulté :

la difficulté est définie uniquement selon la difficulté technique du circuit. Cette notion, bien entendu, tient compte des parties descendantes et éventuellement plates. Les montées ne sont pas évaluées

- L'échelle VTOPO :

divisée en 6 catégories de V1 à V6, elle évalue uniquement la difficulté à rester sur le vélo à la descente ou sur le plat. Un vététiste descendant du vélo, dans les passages les plus durs d'un itinéraire côté V4, ne pourra pas prétendre à un niveau technique V4.
Enfin pour comprendre l'échelle VTOPO, il faut définir les mots suivants :
- Piste : voie large (>3 m) et carrossable empruntée par tous types de véhicules forestiers même les plus gros.
- Chemin : voie plus étroite (entre 2 m et 3 m) et parfois plus pentue que la piste, empruntée uniquement par les véhicules légers 4x4.
- Sentier : voie étroite adaptée aux piétons qui doivent la plupart du temps évoluer en file indienne.

Voici donc l'échelle VTOPO :

Échelle VTOPO	Difficultés techniques rencontrées
V1	*Descentes uniquement sur pistes roulantes à inclinaison faible à modérée (maxi 10%). Le revêtement est généralement bien stabilisé. Idéal pour les enfants et les débutants.*
V2	*- Descentes roulantes sur pistes ou chemins plus raides, plus caillouteux (maxi 25%). - Sentiers faciles (uniquement recouverts de terre avec une inclinaison faible).*
V3	*- Descentes sur sentier caillouteux (possibilité de passages raides) demandant une pratique régulière du VTT. Possibilité de rencontrer des marches (30 à 40 cm maxi). - Pistes ou chemins raides et caillouteux (au delà de 25% - passage derrière la selle nécessaire généralement).*
V4	*Sentiers ou chemins techniques comportant de nombreuses marches parfois hautes (>40 cm), des passages raides à très raides, des épingles, des dalles, du "trial" facile. D'une manière générale, les descentes de cette catégorie sont soutenues.*
V5	*Descentes comportant de nombreux passages engagés et raides. Sauts à envisager sur certains obstacles, franchissements, marches hautes (1 m), trial exigeant. À ce niveau de difficulté, le matériel de descente est fortement recommandé.*
V6	*Passages très engagés avec sauts obligatoires, road gap, trial très exigeant... La catégorie V6 est à réserver à l'élite du VTT. Enchaîner un passage V6 implique une prise de risque importante pouvant avoir des conséquences dramatiques en cas de chute.*

Pour résumer :
- De V1 à V2 (itinéraire vert - catégorie Famille) : parcours adaptés à une pratique familliale ou à la découverte de l'activité.
- V3 (parcours bleu - catégorie Initiés) : itinéraires typés Cross Country et enduro léger.
- V4 à V6 (parcours orange - catégorie Experts) : de l'enduro au freeride.

- Itinéraire :

La description de l'itinéraire se base sur des repères trouvés sur le terrain mais peut aussi s'appuyer sur des éléments de la carte IGN TOP25 locale, comme par exemple des côtes altimétriques.

Toutes les indications de direction sont données dans le sens de la progression. Lorsque l'information est intéressante, les balises rencontrées sont indiquées. Il faudra distinguer les balises PR ("Petites Randonnées"), souvent de couleur jaune et les GR ("Grandes Randonnées"), balisés en rouge et blanc. On trouvera toutefois des balises locales, des balises VTT, et même des panneaux indicateurs.

Pour aider le randonneur à se repérer, le circuit est tracé sur un fond de carte à échelle variable donnée avec la légende du circuit. Les principaux repères sont mentionnés ainsi que le gabarit du chemin (piste - chemin - sentier). Il est possible de se passer alors de la carte IGN TOP 25. Les appellations GR, GR de Pays, PR sont des marques déposées par la Fédération Française de Randonnée Pédestre.

- Secours

Le 112 redirige sur tous les autres numéros de secours (15 : Samu, 18 : Pompiers, 17 : Gendarmerie).

- Météo

www.meteofrance.com (ou 0892 68 02 07)

- Tenue vestimentaire

Selon les secteurs de ce VTOPO, le VTT se pratique soit toute l'année, soit du printemps à l'automne, pour d'évidentes raisons de température et de couverture neigeuse. Un équipement adapté au froid sera bien sûr nécessaire pour rouler les mois d'hiver (cuissard long, gants longs, veste chaude, bandana sous-casque,...). Optez pour plusieurs couches que vous pourrez retirer à la montée, et pour des vêtements qui évacuent la transpiration, de façon à éviter le refroidissement à la descente.
Eté comme hiver, ayez toujours au fond du sac un vêtement coupe-vent et imperméable (plus ou moins épais selon la saison), le vent est une donnée à ne pas négliger sur les hauteurs !
Au printemps et l'été, il ne sera pas inutile d'avoir également jambières et manchettes au fond du sac, non seulement pour faire face à un éventuel refroidissement mais également pour passer des zones à la végétation fournie.

- Matériel

Ayez toujours un sac à dos, de taille adaptée à la saison et à la longueur de la sortie, assez grand pour contenir une gourde souple de 1,5 L minimum, des vêtements de saison, le petit matériel de réparation (crevaison, bris de chaîne), une pompe et un outil multifonction. Sur les parcours à étapes, une chaîne supplémentaire n'est pas superflue, ainsi qu'au moins une chambre à air, quelques câbles, une trousse à pharmacie compacte, une couverture de survie. Il peut être intéressant de s'équiper de chambres à air anti-crevaisons sur les parcours à étapes, ou d'injecter du liquide anti-crevaison dans vos tubeless (ronces abondantes...).

- Mise à jour des circuits et informations diverses

www.vtopo.fr

Descente en lacets sur Thines

- Les circuits :

Établis grâce à de nombreuses heures de repérages, les circuits ne sont pas intemporels. Les collines, les sentiers, les pistes changent. Le plan d'occupation des sols a lui aussi tendance à se modifier ; une zone ouverte à la circulation lors des repérages, peut se trouver interdite peu de temps après. Sachez adapter votre circuit aux contraintes rencontrées. Partez toujours avec la carte IGN correspondante et sachez rebrousser chemin. Ces circuits ne sont que des idées de randonnées. C'est pourquoi, vous devrez, avant de partir, vous renseigner auprès des mairies, et consulter le cadastre pour connaître les parties privatives que vous n'aurez pas le droit de traverser. Il en est de même pour les sentiers fermés par arrêté municipal ou préfectoral.

- Le guide :

Malgré de nombreuses relectures attentives, des erreurs se sont certainement glissées. Lorsque vous rencontrez une contradiction entre le guide et le terrain, privilégiez votre lecture du terrain. N'oubliez pas que les fonds de cartes inclus dans ce guide, ne remplacent jamais la carte IGN au 1:25000 quant à leur précision.

- La fréquentation

On ne le répétera jamais assez, le VTT peut être très dangereux en cas de collision avec un autre usager. Soyez très prudents, notamment sur les petits sentiers où la visibilité est très réduite. Maîtrisez toujours votre vitesse et laissez passer les personnes que vous rencontrez. Méfiance aussi sur les pistes, à la descente. La vitesse peut engendrer des projections de cailloux à des hauteurs importantes, pouvant provoquer de très graves blessures à ceux que vous croisez. Encore une fois, ralentissez.
Enfin, soyez attentif lorsque vous traversez une route. Aussi, lorsque vous progressez sur route, respectez le code de la route et pédalez en file indienne si vous êtes à plusieurs.

- La chasse

En plus «d'utilité publique» dans la régulation des populations (notamment les sangliers), la chasse est aussi un loisir au même titre que le VTT pour vous. Pour toutes ces raisons, il faut être courtois avec les chasseurs et ne pas rentrer dans une zone de battue. Consultez la préfecture pour connaître les dates précises d'ouverture et de fermeture. Enfin, tout au long de cette période, par mesure de précaution, habillez-vous de préférence avec des vêtements colorés pour bien vous faire voir : on n'est jamais trop prudent.

En aucun cas, l'auteur et l'éditeur ne seraient être tenus responsables de problèmes ou d'accidents rencontrés sur les circuits cités dans ce guide.

IMPORTANT :
La pratique du VTT reste un sport dangereux dont la chute peut avoir des conséquences fatales. Nous vous conseillons toujours de partir avec un encadrement professionnel. Les idées de parcours proposés restent uniquement des idées et non des tracés balisés et entrenus par VTOPO. Pour réaliser ces idées de parcours, VTOPO s'appuie sur une équipe de rédacteurs issue de la zone géographique. Ces derniers recensent les pistes, chemins, sentiers empruntés couramment par les vététistes. Même si certains tracés sont moins connus que d'autres, il n'en reste pas moins que VTOPO n'est pas à l'initiative de la création et de l'entretien de ces chemins. Sur le terrain, vous ne trouverez aucun balisage lié aux éditions VTOPO. Étant donné qu'en France la majorité du domaine forestier est privé, tous ces circuits passent dans des propriétés privées. VTOPO n'a pas signé de convention avec les propriétaires. Étant donné que ce sont des idées de randonnées, il est de votre devoir de demander l'autorisation pour traverser une propriété privée. Sachez aussi qu'il est interdit de se trouver hors des sentiers et que vous devez respecter le code de la route ainsi que les autres usagers.

Maîtriser son équilibre...

MONTAGNE ARDÉCHOISE

Vue du Tanargue sur Laboule et au loin Valgorge

C'est la bordure occidentale du département, rude, faiblement peuplée et sauvage. On y accède par les vallées cévenoles. L'altitude excède partout 1000 mètres; c'est la région que l'on nomme aussi « le Plateau Ardéchois ».
Le relief est ici marqué par les hauts plateaux granitiques du Massif Central, dominés par de nombreux sucs volcaniques. Avec leur forme de pain de sucre, ils semblent jaillir de terre aux milieux des grands espaces, comme le célèbre Mont Gerbier de Jonc à 1551 m, où la Loire prend sa source. Le Mézenc, point culminant de l'Ardèche à 1754 m d'altitude, présente un intérêt botanique exceptionnel par sa flore. La tourbière du Col du Pendu est également remarquable.
Cette bande de terre s'étend de Saint-André-en-Vivarais au nord jusqu'à Saint-Etienne-de-Lugdarès au sud, en passant par Le Béage et le lac volcanique d'Issarlès. Le climat y est rude : neige pendant plusieurs mois, vents très violents (la fameuse « burle »), brouillards fréquents dans les vallées, écarts de température, pluies abondantes (1500 mm/an en moyenne). L'élevage bovin est l'activité principale.
La Montagne regroupe trois régions forestières de l'ouest du département : Lugdarès, les Sucs et la chaîne des Boutières. Sur la montagne comme en basse Ardèche, on rencontre de vastes pâturages et d'admirables forêts de sapins, de hêtres ou de mélèzes (forêts de Mazan, de Bauzon, du Tanargue).
Le VTT est donc à pratiquer hors hiver et principalement en été pour profiter d'une température idéale, et les parcours y sont vallonnés à travers champs et en sous-bois.

1 - BURZET PÉREYRES

V3

Distance 19 km
Dénivelé 1170 m
Horaire 3h00
Difficulté V3

Burzet, dernier bourg de la vallée pour atteindre le Plateau Ardéchois, a été rendu célèbre par le rallye de Monte-Carlo à sa belle époque. Mais bien avant, sa voie romaine était le passage obligé pour rallier le Puy-en-Velay. Ce tracé vous la fait découvrir sur l'ensemble de sa longueur, pour dans la foulée se régaler par une belle descente sur Péreyres afin de revenir dans la vallée.

ITINÉRAIRE (560 m) Départ de la place du Temple de Burzet, vers le le pont sur la Bourges. La traverser et prendre à gauche tout droit la rue de l'Eglise qui est en fait la route des Sagnes. 350 m après le pont et après avoir passé l'épingle à droite, prendre la route à gauche sur 150 m seulement afin d'attaquer à droite la voie romaine de Burzet : 6 km pour presque 700 m de dénivelé continu... une vraie épreuve de vrai VTT ! Il suffit de suivre le balisage et de gérer son effort dans la durée. Les châtaigniers amèneront l'ombre indispensable. La fin de la voie romaine est à son arrivée sur la petite route de la Brousse.

(1 : 1230 m – 6,6 km) Prendre vers la droite, puis de suite le chemin à droite à travers champs parallèlement à la route. Au col de la Baricaude, avec l'abri sans toit depuis des années, poursuivre pendant 350 m sur la route avant de prendre à droite le chemin montant à travers champs. Au bout d'un peu plus d'un kilomètre, à un grand carrefour de plusieurs pistes, prendre le balisage de droite en direction de Péreyres. Plus de 3 km de descente de rêve pour - 450 m de dénivelé continu, en chemin sur sa première partie, puis en sentier, à travers les bois de fayards et les landes.

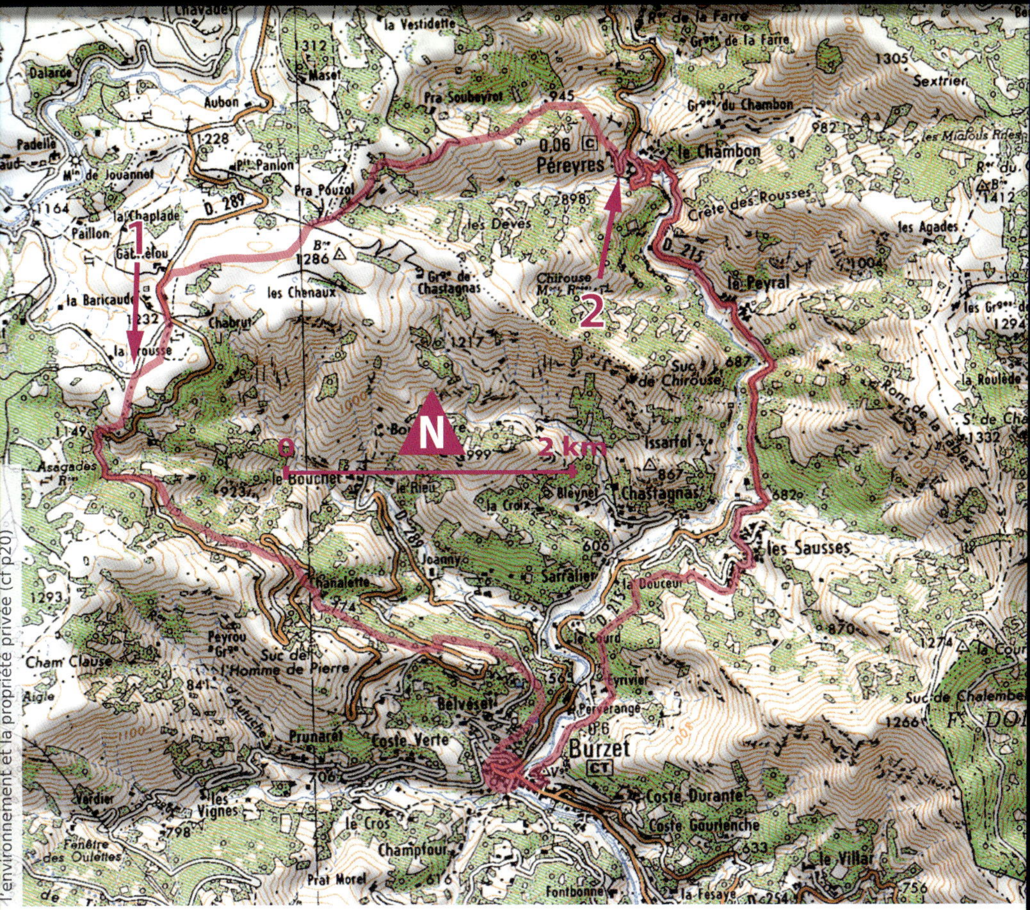

(2 : 840 m – 11,6 km) *A Péreyres deux solutions : la première pour vététistes acharnés, qui consiste à prendre le GR surplombant la rive droite de la Bourges jusqu'à Burzet sur environ 11 km, mais globalement difficile pour ne pas dire plus, et la seconde, retenue pour ce tracé, qui consiste à prendre la rive gauche, nettement plus facile mais, revers de la médaille, avec plus de route.* Rejoindre donc la route D215 et la prendre sur la droite pour descendre vers la rivière. La poursuivre sur 3,6 km pour la quitter alors vers la droite pour la petite route montant en direction du hameau des Sausses.

Au bout de 600 m environ dans le premier virage prononcé à droite, au niveau d'un pont, emprunter le sentier balisé partant à gauche. et ne plus le lâcher. Il court à flanc pendant 1,5 km avant de plonger sur la Bourges. Ne pas la traverser, poursuivre sur cette rive pour rejoindre Burzet en passant en contrebas de la Vierge et de l'Horloge.

2 - BURZET SAGNES ET COUDOULET

V3

Distance 28 km
Dénivelé 1370 m
Horaire 4h30
Difficulté V3

Ce tracé est la version allongée du circuit « Burzet Péreyres » pour ceux qui, après la grimpée de la fameuse voie romaine de Burzet, et avant la fabuleuse descente sur Péreyres, voudraient profiter de l'ambiance fraiche et vallonnée de cette première partie du Plateau Ardéchois.

ITINÉRAIRE (560 m) Départ de la place du Temple de Burzet, vers le le pont sur la Bourges. La traverser et prendre à gauche tout droit la rue de l'Église qui est en fait la route des Sagnes. 350 m après le pont et après avoir passé l'épingle à droite, prendre la route à gauche sur 150 m seulement afin d'attaquer à droite la voie romaine de Burzet : 6 km pour presque 700 m de dénivelé continu... une vraie épreuve de vrai VTT ! Il suffit alors de suivre le balisage et de gérer son effort dans la durée. Les châtaigniers amèneront l'ombre indispensable. La fin de la voie romaine est à son arrivée sur la petite route de la Brousse.

(1 : 1230 m – 6,6 km) Prendre cette route à gauche jusqu'au départ d'une piste à gauche, avant la maison. C'est un point de départ de circuits d'orientation. La prendre en montant pour entrer dans les bois, et au bout de 500 m ne pas prendre la piste de gauche, bien continuer tout droit. A partir de là, le plus simple est de poursuivre en suivant le balisage du GR car il y a beaucoup de pistes et chemins d'exploitation forestière dans tous les sens. Après 2,5 km, arrivé sur une petite route, la continuer sur la droite vers le pont sur la Padelle à 350 m de là. Après le pont prendre la route à droite sur 350 m puis gauche-droite pour monter trouver le départ du chemin juste au dessus de la ferme et le suivre tout droit. Au bout d'un kilomètre à l'arrivée d'une piste sur la gauche, continuer toujours tout droit à travers un bois planté puis des champs. Au bout d'un kilomètre supplémentaire à une intersection en forme de delta prendre bien à droite et poursuivre la piste sur 1,3 km. Là, juste après une petite carrière sur la gauche et dans un grand virage à droite, prendre le chemin qui part tout droit pour rapidement descendre à travers bois sur la Padelle à nouveau. Traverser le petit pont et remonter directement sur Sagnes et Coudoulet.

Sagnes et Goudoulet

(2 : 1240 m – 14,6 km) Attention, le GR a été dévié, il vaut donc mieux contourner le village par le nord puis l'est pour le récupérer juste après la Nouvaille. Prendre alors le chemin montant à droite et non la piste à gauche. Poursuivre sur 1,7 km à travers bois et champs pour atteindre sur un replat après une courte descente, un grand carrefour de plusieurs pistes. Prendre alors le balisage de gauche en direction de Péreyres. Plus de 3 km de descente de rêve pour - 450 m de dénivelé continu, en chemin sur sa première partie, puis en sentier, à travers les bois de fayards et les landes.

(3 : 840 m – 20,0 km) *A Péreyres deux solutions : la première pour vététistes acharnés, qui consiste à prendre le GR surplombant la rive droite de la Bourges jusqu'à Burzet sur environ 11 km, mais globalement difficile, et la seconde, retenue pour ce tracé, qui consiste à prendre la rive gauche, nettement plus facile mais, revers de la médaille, avec plus de route.* Rejoindre donc la route D215 et la prendre sur

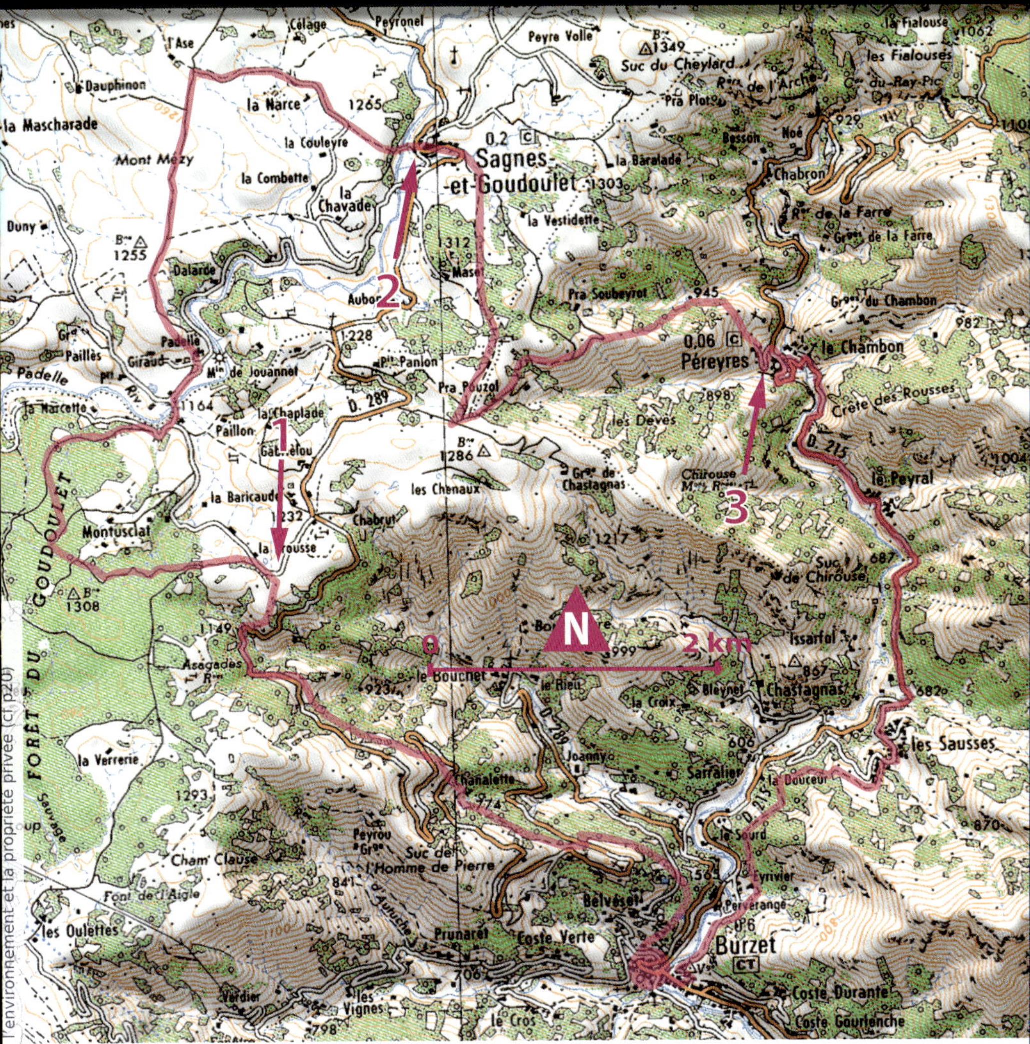

l'environnement et la propriété privée (cf. p20)

la droite pour descendre vers la rivière. La poursuivre sur 3,6 km pour la quitter alors vers la droite pour la petite route montant en direction du hameau des Sausses. Au bout de 600 m environ dans le premier virage prononcé à droite, au niveau d'un pont, emprunter le sentier balisé partant à gauche. et ne plus le lâcher. Il court à flanc pendant 1,5 km avant de plonger sur la Bourges. Ne pas la traverser, poursuivre sur cette rive pour rejoindre Burzet en passant en contrebas de la Vierge et de l'Horloge.

V3

Distance 53 km
Dénivelé 1050 m
Horaire 7h00
Difficulté V3

Des sources de la Loire à celle de la Baume, assurément une inoubliable traversée du plateau Ardéchois, entre 1150 et 1450 m d'altitude, par les landes, les pâtures et les bois, en visitant certains des jeunes volcans d'Ardèche. A enchainer sur deux jours avec le parcours « Loubaresse les Vans » et vous aurez alors fait une verticale nord-sud complète !

ITINÉRAIRE (1415 m) Départ du grand parking au pied du mont Gerbier de Jonc, non sans avoir fait auparavant le plein avec l'eau de la Loire sortant de terre. Attention, le parking faisant presque un kilomètre de long, mettre le compteur à 0 au carrefour de la route de St Martial. Prendre alors la route de Lachamp-Raphaël pendant 2 km. La quitter pour une piste à droite avant un long virage à gauche et poursuivre pendant 1,2 km jusqu'au pied du suc des Coux où il faut laisser le chemin à flanc pour prendre celui descendant à gauche. Arrivé à la route D122, la traverser et suivre le balisage pour descendre jusqu'au lieu dit Peyronel. A nouveau traverser la route et rejoindre à travers champs une petite route dans un virage à angle droit au km 6,4. Descendre tout droit pour passer le pont sur la Padelle et remonter à Sagnes et Goudoulet.

(1 : 1230 m – 7,0 km) Attention, le GR a été dévié, il vaut donc mieux contourner le village par le nord puis l'est pour le récupérer juste après la Nouvaille. Prendre alors le chemin montant à droite et non la piste à gauche. Poursuivre sur 3 km à travers bois et champs pour atteindre la route D289 juste avant le col de la Baricaude. Au carrefour à l'abri, sans toit depuis des années, prendre le chemin longeant la route de la Brousse. Une fois cette route rejointe, noter à gauche l'arrivée de la fameuse voie romaine de Burzet... Ne pas la prendre, tourner à gauche seulement 200 m plus loin avant la Brousse. Garder la piste pendant 500 m, puis à gauche pendant 300 m, puis encore à gauche. Continuer tout droit vers le sud jusqu'aux Oulettes à 2,7 km de là, en passant par la croix de Moïse. A la route la prendre sur la droite pendant moins de 400 m pour la couper par une traverse à gauche et la récupérer de l'autre coté. La suivre jusqu'au Cros du Loup à 1280 m, pour lui préférer alors la piste en contrebas

sur la gauche pour descendre dans le cratère volcanique de la Vestide du Pal, jusqu'à la recouper pour tirer ensuite à droite vers le lac Ferrand.

(2 : 1245 m – 18,5 km) Passer à sa gauche, entre le lac et le domaine du même nom, pour continuer la piste balisée du GR7. A une patte d'oie 1,2 km après le lac prendre la piste de gauche qui descend en douceur sur la route D536. La traverser par un gauche-droite pour prendre un chemin vers le sud jusqu'à une nouvelle route, juste après le Petit Nançon. La poursuivre en coupant allégrement ses deux derniers virages en suivant le balisage du GR7 pour arriver un peu plus bas à Fontbonne. Continuer le balisage pour récupérer la route 1, 6 km après Fontbonne et après l'avoir coupé 2 fois. La garder jusqu'à la maison forestière de Bèque, où là, prendre le GR7 sur la droite. Au bout de 1,7 km, rester sur le sentier longeant la route sur la droite, et ce, jusqu'au pied du Cros de Boutazon où il faut traverser la route pour monter la draille le long du hameau pour rejoindre le grande route D239. La prendre sur la gauche sur 500 m, puis une petite route sur la droite sur 250 m. La source de l'Ardèche est alors à moins d'un kilomètre sur la droite. Prendre à gauche le chemin qui descend jusqu'à retomber sur la D239, et la descendre jusqu'au col de la Chavade.

(3 : 1260 m – 34,8 km) Traverser la N102, et prendre la continuation du GR le long de la continuation de la D239 vers le sud. Le conserver pendant 6,6 km jusqu'au col du Pendu, par du chemin, de la piste, du sentier, tantôt herbeux, tantôt rocailleux, le plus souvent terreux, en passant par la station de ski nordique de Bel-Air, puis au pied des éoliennes.

Respectez les autres usagers (piétons, chasseurs...),

(4 : 1425 m – 41,4 km) Au col du Pendu prendre la route sur 600 m avant de plonger dans un chemin rocailleux sur la droite qui coupe la première grande épingle de la route. Arrivé à la deuxième épingle continuer le GR tout droit, mais attention avec la vitesse à tourner à gauche 200 m plus loin pour descendre le long des champs directement sur le Bez. Traverser la route D19 et prendre la piste de gauche, celle vers le bas, balisée GR4. La continuer pendant 1,3 km jusqu'aux Chambons, où là, il faut remonter sur la route D24 et la prendre sur la droite pour rallier dans les bois le col de Meyran distant de 4,4 km. Aux Chambons, en regardant la carte, poursuivre par le GR4 au lieu de la route paraît tentant, mais la montée qui suit est très difficile par sa pente et son état. Poursuivre par la route jusqu'à Loubaresse en s'arrêtant, 600 m après le col, quelques instants au belvédère avec sa table d'orientation pour admirer le panorama au-dessus de la vallée de Valgorge. *Une variante au col est de prendre le GR de pays sur la droite pour rejoindre le tracé du GR4, à prendre alors sur la gauche pour une descente caillouteuse et difficile, mais très excitante, plongeant directement sur Loubaresse... avis aux amateurs.*

Associations intéressantes : ce tracé peut être raccordé à celui « Col du Pendu Pont-de-Labeaume » en passant de l'un à l'autre 2 km avant le Cros de Boutazon (4 km avant le col de la Chavade). Cette association permet alors de réaliser un formidable « Mont Gerbier de Jonc Pont-de-Labeaume », toujours en 53 km, mais en passant de 1400 m à 300 m d'altitude dans les 20 derniers km ! ainsi qu'avec le circuit « Loubaresse-Dompnac » pour 11,5 km supplémentaires dont 4,5 de pure descente !

FORÊT DOMANIALE DE MAZAN
Bois du Faultre
F. DOM. DE RIOU CLARET
3
0
2 km
N
Banne
Caqueyre
la Videlle
le Suchallas
Mas de Breysse
Cros de Boutazon
la Réserve
Maisonneuve
Savoyard
le Baron
Bèque
Pingaud
Bois de Chaumienne
la Rance
le Pastourel
les Palles
la Chavade
Chambonnière
le Cavalier
la Plaine des Rochers d'Astet
au Marquis
le Besseillas
Boutazon
N 102
D 239
la Rousseyre
Rocher d'Astet
le Ribeyras
l'Ubac de la Fraché
FORÊT DOMANIALE DE LA
Astet
Langlade
Sédassier
le Château
Congé
Aleyrac
la Mourade
les Chaplades
la Grésouse
Bouquet
Paillayres
Montagut
Lagrange
Chle St Médard
Bel-Air
les Poignets
Cautet
le Chambonnet
Bois Noir
Usclade
le Ranc de Chier
Cr. de Rochette
Suc du Joug
Bois Nègre
Cham Longe
Pra Barges
Suc de l'Auradou
les Thuey
4
Gras de la Verrerie
les Valadous
FORÊT DOMANIALE DE
Col du Pendu
Suc du Montat
Bois de Rioubrun
Bois de Riou Clar
F. DOM. DES CHAMBONS
B. des Rabeyres
la Lause
l'Esquiller
le Mas des Pergeyres
la Tour des Poignets
Mas de Fourniol
le Chambon
Masmejan
D 19
le Bez
Riou Clar
les Basses Plaines
les Htes Plaines
Maison Forestière de l'Ubac des Plaines
B. du Bez
Bois de l'Ubac
Col de la Croix de Bauzon
Station de la Croix de Bauzon
le Moure de l'Abéouradou
Sommet des Lasses
les Chambons
B. du Tinel
B. du Tanargue
F. DOM. DES CHAMBONS
Ran du Frépayre
Plat des Aires
Chazalettes
Sommet du Grand Tanargue
Plateau du Gd Tanargue
FORÊT DOM. DU TANARGUE
Bois d'Escoulour
Borne
Bois du Bouquet
P. de Bouquet
Bois de la Loubeyre
Bois des Portes
Bois de Braye
Maison Forestière
Ran de Coucoulude
Montagne de Vente
Croix de Borne
le Mas de Truc
Pratarabiat
Col de Meyrand
F. DOM. DE VALGORGE
Loubaresse
D 24
Serre de Pédurand
Frayssenet
Mayrand

4 - COUCOURON LE CROS-DE-GÉORAND

V3

Distance 57 km
Dénivelé 1460 m
Horaire 7h00
Difficulté V3

Une journée en VTT sur le plateau Ardéchois est toujours un grand moment privilégié, à l'échelle de l'immensité du lieu : un air frais, pur et limpide, une vue à l'infini incessante sur un horizon rythmé par les sucs volcaniques. Ce tracé autour des quatre principaux lacs de la région, sans difficulté particulière, si ce n'est peut-être sa longueur, est un réel enchantement.

ITINÉRAIRE

- Carte : voir pages suivantes -

(1170 m) Départ de la place de la mairie de Coucouron, par la route de Villeverte sur la droite puis de suite à gauche par celle du Plan d'Eau, pour arriver en contrebas au lac de Coucouron et son parking du Passadou. A son extrémité ouest, continuer sur la piste pour de suite prendre à gauche un chemin montant, balisé GR de Pays. A son sommet, arrivé à une piste, la prendre à gauche en suivant le balisage, jusqu'à rencontrer la route D16. La traverser pour aller à Montlaur par la petite route en face. Dans le hameau tourner à gauche, puis de suite prendre une piste à travers champs en suivant toujours le balisage, sur un kilomètre environ jusqu'à retrouver du goudron 100 m avant une ferme à gauche. Dans le virage suivant tirer tout droit sur une piste, puis à gauche 350 m plus loin pour atteindre le hameau des Chirols à la jonction avec une petite route. La prendre à droite pour de suite la quitter pour un chemin à gauche, à poursuivre sur un kilomètre à travers bois pour arriver sur une grande piste. La prendre à droite pour la garder, en suivant le balisage et en passant devant la chapelle St Clair, jusqu'au village d'Issenlas distant de 3 km environ, les derniers 800 m se faisant sur une petite route.

(1 : 1220 m – 10,5 km) Avant de prendre à gauche à l'entrée d'Issenlas pour poursuivre en passant devant le cimetière et en abandonnant le balisage, un petit tour à l'intérieur du village est conseillé. Un kilomètre après, arrivé au moulin de Bargès, continuer tout droit sur la piste et prendre à droite à la bifurcation suivante, pour 600 m plus loin prendre à gauche. Continuer tout droit en visant plutôt à droite pour finir 1200 m plus sur une petite route à poursuivre à gauche pour tomber sur le carrefour du col de Fioulebise et ses 7 branches. Traverser la D110 pour choisir la petite route la plus à gauche, en récupérant au passage le balisage du départ. Au bout de 500 m avant un virage à gauche prendre la piste à droite et la continuer tout droit pendant 2 km jusqu'à un carrefour en croix. Attention simplement à ne pas prendre tout droit à 1,6 km environ, la piste fait un léger droite gauche à respecter. Au carrefour précédemment cité, aller tout droit par un chemin dans les bois jusqu'à un autre chemin perpendiculaire au niveau d'un champ. Le prendre à gauche pour 1,2 km de descente jusqu'à une petite route. La prendre à droite et garder la route jusque la jonction avec la grande route, la D116, avant le barrage. Ne pas hésiter à couper les épingles de la route : une première fois au bout de 600 m à droite par le hameau des Combes, et une seconde dans l'épingle avant le barrage pour passer sur l'ancien pont et remonter au belvédère du barrage, et sa table d'interprétation, sur la D116, juste après le point 2.

(2 : 980 m – 21,0 km) *Variante pour court-circuiter la dernière grande boucle en prenant à gauche : en 7 km de route le point 4 au lac d'Issarlès est directement atteint,*

soit environ 10 km de moins sur le total. Prendre à droite jusqu'à la Palisse, et avant le pont prendre la D160 à gauche, puis au pied de la montée, dans le premier virage à gauche, couper par un chemin droit dans la pente, puis traverser à nouveau la D160 pour continuer à grimper dur. Au sommet, à proximité d'une grande maison à gauche, lieu-dit Chaumély, bien prendre à droite, et au carrefour immédiatement là, tout droit en descente direction le Cros de Géorand. Une fois sur la D302, descendre au village, passer devant l'église au toit de lauzes, et pénétrer dans le village pour viser l'extrémité nord, où la rue s'arrête pour laisser place à un sentier balisé grimpant très fort jusqu'à la ferme de Beauregard. Attention, le balisage n'est pas toujours évident... Prendre le goudron à droite sur 150 m seulement, et reprendre le chemin balisé sur la gauche. La montée se poursuit de moins en moins dure, à travers champs, jusqu'à une antenne au pied des éoliennes. C'est le point le plus élevé de tout le tracé. Prendre la route d'accès à l'antenne à droite sur 200 m, puis au carrefour à gauche. Ne plus alors quitter cette route en faux-plat pendant 2,5 km jusqu'à tomber sur une autre route perpendiculaire.

Chapelle Saint-Clair

(3 : 1270 m – 31,1 km) Traverser la route pour prendre le GR3 tout droit en face à travers champs. Le garder jusqu'à la D302, après être passé par la ferme de Chazalès. A la route, la remonter à droite sur 200 m pour tirer tout droit sur une petite route, toujours balisée GR3. Cette route amène jusqu'au sommet du Suc de Cherchemus. Il faut la quitter en suivant le balisage, au pied du suc pour une piste à flanc sur la droite passant dans une carrière de pouzzolane, rappelant s'il le fallait l'origine volcanique des sucs du plateau. Poursuivre par un chemin jusqu'à une petite route. *Variante : possibilité de monter par la route au sommet du suc, 70 m de D+, avec comme récompenses une vue plongeante sur le lac d'Issarlès et une belle descente à travers bois pour rejoindre le chemin normal juste avant la route.* Prendre celle-ci à droite et en descente sur 900 m, pour, dans un virage à gauche, la laisser au profit d'un chemin discret sur la droite descendant tout droit vers le lac. Superbe descente en sentier. Continuer le balisage pour contourner le lac par le nord jusqu'à l'accès principal de la grande plage.

(4 : 1005 m – 40,5 km) Descendre au pont de la Borie par la petite route passant sous le village, franchir la Loire par la D16, et dans la grande courbe à droite qui suit, bifurquer sur la piste à droite longeant la Loire sur sa rive gauche. Au bout de 1,3 km, sous le hameau de la Roche, poursuivre tout droit le chemin, ne pas monter au hameau, et ce sur 800 m jusqu'au hameau du Cros Romeau. Continuer alors le chemin pour monter à Chanteloube distant de 1,7 km. Là, prendre un bout du GR3 direction Sud sur une grande piste pendant 900 m environ. A la bifurcation, prendre à droite, pour descendre au ruisseau et remonter en face au hameau de Lapessade. En son centre prendre à gauche pour un kilomètre à travers champs, jusqu'à une route. La prendre à gauche sur 200 m, puis une piste à droite pour faire une boucle à gauche au dessus du hameau de Boissandroux. Une fois à la route, à droite puis à gauche pour remonter tout droit par un chemin sur 800 m jusqu'à une plus grande piste à prendre vers le sud à gauche, pendant 600 m jusqu'à une route. La prendre à gauche puis à droite au carrefour 400 m plus loin, pour une piste balisée descendant au ruisseau de Langougnole. Le traverser par un beau pont romain, puis 100 m après le pont, quitter la piste qui monte pour celle qui continue le long du ruisseau, pour la quitter ensuite pour un chemin à gauche qui remonte à flanc. Une fois sur le plat, le poursuivre toujours tout droit pour redescendre sur Coucouron.

N
0
2 km
1
Issarlès
Lafarre
le Montet
le Besset
les Arcis
Forêt Domaniale de Lafarre
les Sauvages
Bois du Sap
Rocher du Cheylar
Chanteloube
la Besseyre
la Pinède
Lapessade
le Bouchet
la Suchère
la Lahoune
Chantepérdrix
la Théoule
Mon Plaisir
Sce captée
le Mont
Cros Romeau
Mont Doux
Procou
la Roche
la Borie
Boissandroux
la Mouline
Suc de la Cluche
Lachapelle-Graillouse
Vazeilles
la Couleyre
le Pièbre
le Monteil
Villeverte
Mt des Vertus
le Plot de la Laonne
Mon Seule
Mt de Givel
Mt de Blanc
Montmoulard
Coucouron
la Vervène
Couderc
Villeneuve
Langougnole
Veyle
la Gaselle
Espinassac
Serre d'Olpilière
Olpillières
Cr. du Bouchet
le Bouchet
Montlaur
Paillès
Chabanes
Mt Courbet
Chle St Clair
la Ribeyre
Montamourier
les Sablières
la Breillace
les Chirols
les Planches
Combarnal
St de Combarnal
Ranc de la Garde
les Clauses
Retournas
les Combes
la Garde
Mézeyrac
Serre de la Croix
Mas de Chambias
les Fayolles
Mn de Bargès
Plantalion
les Narces
Issanlas
Peyremale
Chaussadis
Mont Juscla
Sagne Redonde
les Tranchouses
Rougier
les Croses
Peyre Beille
les Combes
les Mouynes
Beauregard
Bouquet
le Selage
Sagne Rousseyre
les Palès
les Caronnes
les Gadimelles
le Fayollet
les Sables
Fonastelle
Monardès
Trespis
Oddoux
le Besset
le Mas de l'Air
les Riaux
les Fayolles
Bonhomme
Serre de Chansadourny
Lanarce
le Cellier
Chabounal
Merchat
la Plaine de Mouret
Praneuf
l'Espezonnette
LAVILLATTE
D. 16
D. 117
N. 102
D. 108
D 500
D 300

Respectez les autres usagers (piétons, chasseurs...), l'environnement et la propriété privée (cf p20)

5 - COL DU PENDU PONT-DE-LABEAUME

V3+

Distance 34 km
D+/D- 800/1900
Horaire 2h30
Difficulté V3+

Ce tracé au profil descendant vous fait passer, après une balade champêtre sur le plateau Ardéchois, de la source de l'Ardèche à 1400 m d'altitude au château de Ventadour, à la confluence de la Fontaulière et de l'Ardèche, 1100 m plus bas. Des landes de genêts et de bruyère de la Montagne Ardéchoise, jusqu'aux châtaigneraies des flancs de vallées, tout un programme !

ITINÉRAIRE

(1430 m) Départ du col du Pendu vers le nord par le sentier balisé à gauche de la route, et garder cet agréable chemin sans grande difficulté au plus près de la route jusqu'à la station de ski nordique de Bel-Air, aux pieds des éoliennes de Cham Longe. Continuer par une alternance de pistes et de chemins toujours vers le nord et toujours en descente douce jusqu'au col de la Chavade, passage de la N102 reliant Aubenas au Puy-en-Velay.

(1 : 1270 m – 6,5 km) Traverser la nationale pour emprunter et suivre la D239 sur 1,2 km. A noter que le petit ruisseau passant sous la route dans le lacet à droite est l'Ardèche naissante, puisque sa source n'est qu'à un kilomètre de là. 100 m après ce lacet prendre le chemin à gauche pendant 1,3 km pour retomber sur la D239 qu'il faut suivre jusqu'au prochain carrefour, au Cros de Boutazon. Descendre par le petit raccourci à droite et à la route en contrebas prendre le sentier sur la droite à gauche de la route sur 900 m environ, où là il faut obliquer à droite pour un bout goudronné se transformant rapidement en piste à travers champs. Ne pas prendre la piste sur la droite, bien rester sur la crête, la remonter et au début de la descente vers le km 14, possibilité de lâcher la piste pour aller tout droit et la couper directement jusqu'au carrefour des ruines de Chaumiène. A la croix, continuer tout droit sans aller aux ruines de Chaumiène, et suivre le balisage quand la piste se transforme en chemin. Poursuivre jusqu'aux rochers du Serre de Redon.

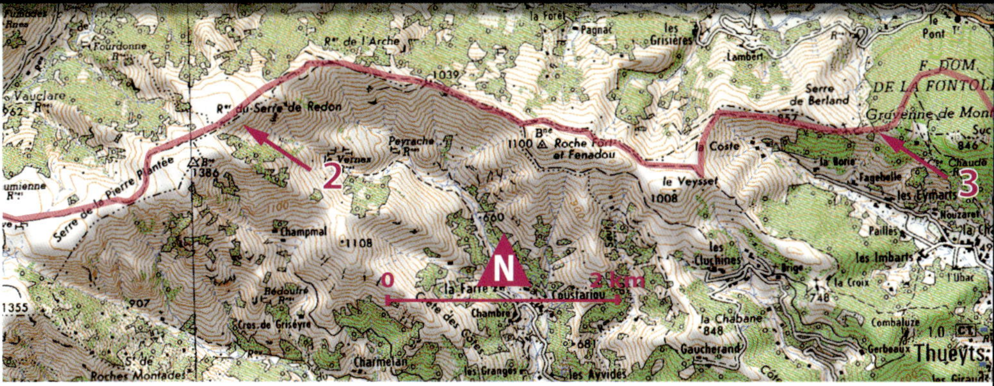

(2 : 1350 m – 17,5 km) Ce point est une halte contemplative obligatoire pour savourer des yeux la vue infinie, et surtout toute la fabuleuse descente qui vous attend ! En effet, il ne reste plus qu'à suivre « tranquillement ! » le sentier balisé tout au long de la crête, en faisant simplement attention vers le km 22 au niveau du Vesset à descendre sur la gauche et non sur la droite. Puis vers le point d'altitude 860 m de la carte, prendre un très agréable sentier à flanc juste en dessous de la crête, jusqu'au goulet de Berland où la lande et ses rochers laissent la place aux bois ombragés.

(3 : 760 m – 24,0 km) Une petite remontée sévère pour atteindre le sommet de Prat Berland et juste après laisser le balisage sur la droite pour continuer tout droit afin de contourner par le nord le cratère d'un ancien volcan, le Suc de la Gravenne. A la piste, la suivre en restant à flanc jusqu'à un replat avec plusieurs arrivées de routes et de pistes. Juste 100 m après le réservoir d'eau, prendre le sentier montant à gauche vers le rocher d'Autureyre. Les plus courageux l'escaladeront juste pour le plaisir des yeux, sinon passer dessous coté gauche, pour attaquer une fabuleuse descente se faufilant dans les châtaigniers. Bien garder la trace, qui suit globalement toute la crête, jusqu'à la route. Un vieux bulldozer confirmera le bon chemin. Prendre la route vers le bas pendant un kilomètre, et au Maillet prendre sur la gauche des escaliers qui coupent l'épingle suivante, et poursuivre en traversant la route pour un chemin menant directement à l'église de Meyras. En cas de loupé des escaliers, prendre l'épingle à gauche et le chemin de suite à droite. Visiter Meyras par ses petites rues parfaitement restaurées, et traverser la route D26 pour prendre de suite à droite la petite route parallèle à la D26. Au bout de 600 m, après deux intersections et une douce courbe à droite, prendre sur la gauche dans les bois, un chemin perpendiculaire à la route et balisé. Le descendre jusqu'au hameau Sabastier et le poursuivre sur la droite jusqu'à la route D536, au pied de l'imposant château de Ventadour. Finir en prenant la route à droite, pour ensuite franchir à gauche le pont sur la Fontaulière, car pour récupérer une voiture l'endroit est plus aisé.

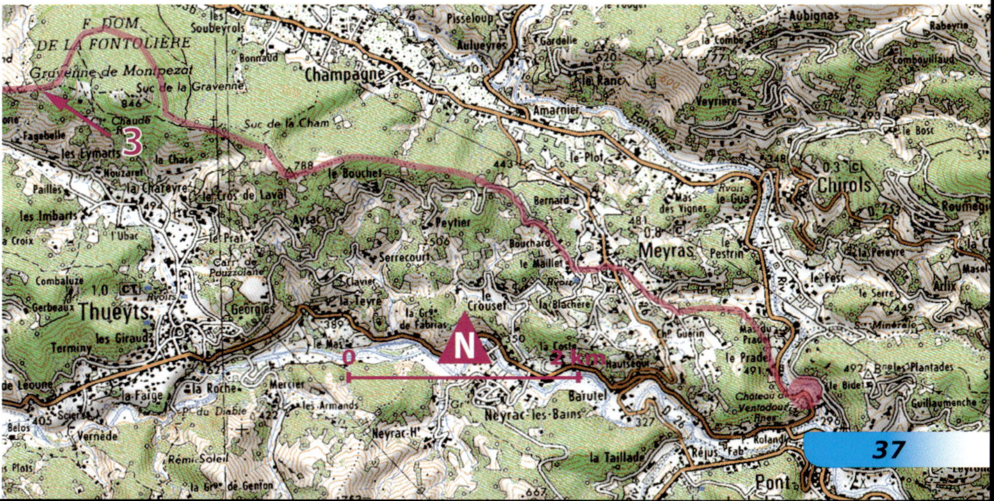

6 - ROCLES ET LES CRÊTES DU TANARGUE

V4

Distance 57 km
Dénivelé 2500 m
Horaire 8h00
Difficulté V4

Le massif du Tanargue avec sa crête à plus de 1500 m d'altitude est l'horizon nord-ouest de l'Ardèche du Sud. Il est la source de nombreuses rivières ardéchoises, et l'été, sa fraîcheur naturelle est très appréciée par rapport aux grosses chaleurs des plaines. Ce tour par les crêtes est à déguster à la journée avec une halte casse-croûte au col de Meyran par exemple.

ITINÉRAIRE (480 m) Départ du parking de l'Agence Postale au col de la Croix de Rocles, en prenant la piste, direction Pied de Boeuf, à gauche de la route qui descend vers Valgorges ou Joyeuse. La suivre en montée légère jusqu'à un replat dégagé vers le km 1,1. Prendre alors la piste bien à droite s'enfonçant dans les bois, et la poursuivre en laissant de coté un sentier balisé sur la gauche et plus loin une piste sur la droite. Attention avec la griserie de la descente à ne pas manquer le sentier sur la droite vers le km 1,8. En cas de loupé, à une maison en cul de sac, il suffit alors de remonter 100 m. Ce superbe sentier devient de plus en plus engageant et technique au fur et à mesure de sa descente. A l'atterrissage sur la route de la vallée de la Baume, prendre sur la droite jusqu'au carrefour de Pied-de-Bœuf, puis à gauche vers Valgorge en suivant la rivière sur la route pendant 900 m jusqu'au pont de la Parot à gauche.

(1 : 350 m – 3,3 km) Ici commence une grosse ascension pour atteindre la crête entre la vallée de la Baume et celle de la Drobie. Prendre ce pont et, de suite après, le sentier balisé à droite, magnifique passage aérien surplombant la Baume. Poursuivre

jusqu'au hameau de Manlève pour y prendre la petite route à gauche. La garder, sans aller à Chamary, pendant 700 m où un sentier montant démarre sur la droite. Le suivre sur un peu moins de 2 km jusqu'au hameau de Sarrabasche. Sa qualité de roulage dépend beaucoup de l'ardeur ou non des sangliers à s'obstiner à le labourer... Le plus difficile est fait : poursuivre par la piste en pente douce sur le flanc droit de la montagne, et ce jusqu'à arriver sur une route goudronnée. La prendre sur la gauche jusqu'au km 11, 775 m, un grand col avec une citerne d'eau.

(2 : 780 m – 11,1 km) Ne pas prendre une des nombreuses pistes possibles, mais le chemin qui monte de suite sur la droite. Son départ est rendu difficile, par l'enchevêtrement de rochers, mais très vite il devient superbe, jusqu'au col suivant à 870 m. Prendre la piste sur la droite jusqu'à un nouveau col 1,4 km plus loin, à 938 m. Chacun de ses cols est l'occasion d'avoir une vue imprenable sur les deux versants de la crête. Rouler alors le nez au vent et les yeux à l'infini sur cette longue piste de crête pendant plus de 5 km pour atteindre à 1072 m et au km 19 environ un petit col, au pied du sommet des Moles. Prendre la piste à gauche, celle qui monte, jusqu'à la Croix de Triousse pour prendre à droite une descente, et enfin, pour atteindre un carrefour de routes au sommet de la vallée de Valgorge.

(3 : 1130 m – 22,8 km) De l'autre coté du carrefour, prendre la piste à droite pour aller au village de Loubaresse. Sa fontaine, source de la Baume, sera la bienvenue. Sortir du village par le haut pour prendre la route du col de Meyrand jusqu'au col, en prenant une pause avant le sommet, au niveau du belvédère, derrière un gros rocher, pour un moment de contemplation aidé d'une table d'orientation. Au col, prendre la piste sur la droite, piste de ski nordique l'hiver, en direction des rochers du Ron de

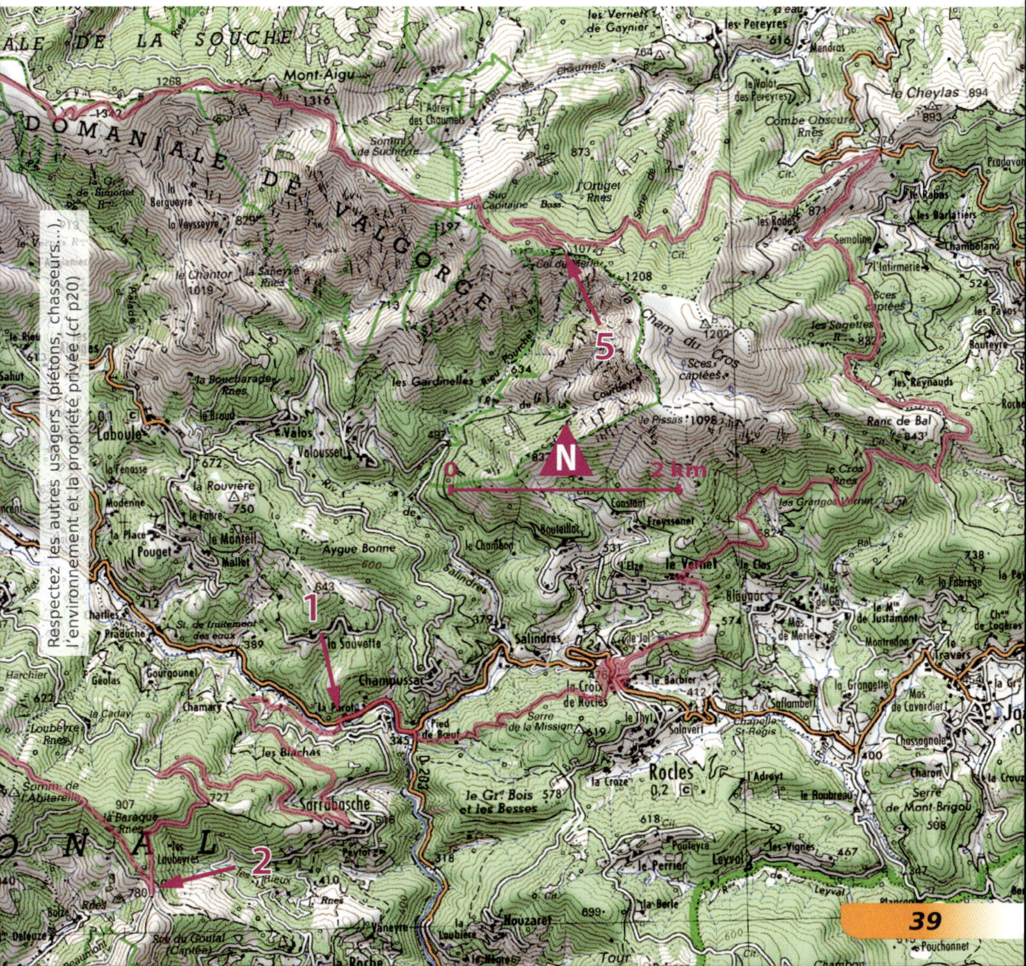

Alternative : Variante plus courte de 9 km, mais réservée aux vététistes aguerris, pour une extraordinaire et inoubliable fin de parcours, aussi sportive que technique : au col du Merle, point 5, au lieu de descendre par la piste, prendre le chemin balisé montant tout droit en face, direction Rocles par le Vernet. Après 20 mn de portage-escalade pour atteindre le sommet de la Champ du Cros, en plus de la beauté majestueuse du lieu, c'est le départ d'une incroyable descente ! Au début, à un carrefour, bien rester sur la direction Rocles par le Vernet, ne pas prendre par Bouteillac. Reprendre le descriptif normal à l'atterrissage sur la piste juste au-dessus du hameau du Vernet.

Coucoulude, rochers qui valent un petit crochet une fois à leur hauteur. Descendre la piste et contourner par le nord un creux humide pour remonter en suivant toujours le balisage « Tour du Tanargue ». Après une grande courbe isoniveau il faut monter par un chemin raide sur la gauche pour se hisser au plus haut point de la journée, juste en dessous du sommet de Méjean. Cette difficulté peut être évitée par la piste à gauche avant la partie isoniveau, mais c'est dommage car la vue ne sera pas aussi magnifique.

Descente sur le Vernet

(4 : 1450 m – 32,7 km) Suivre le balisage et commencer la descente jusqu'au col des Langoustines. Ensuite, rester sur le flanc droit, passer sous le col de Sucheyres, qui peut être gravi à pied en 100 m, juste pour voir le coup d'œil sur l'autre versant, puis poursuivre en crête jusqu'au col du Merle.

(5 : 1070 m – 41,7 km) Là, prendre la piste à gauche descendant au col de la Croix de Millet, col où il ne faut pas traverser la route mais reprendre la piste à droite en contrebas. La garder toujours à droite sur 8 km environ, jusqu'à arriver juste au-dessus du hameau du Vernet, où il faut s'engager dans un sentier descendant balisé à gauche. Une fois au Vernet, dans une épingle à droite de la route, filer tout droit sur un chemin balisé direction le Jal par la Croix du Coulet. A cette croix poursuivre tout droit sur le hameau du Jal, puis par la route jusqu'à la Croix de Rocles.

Surplomb de la Baume

HAUTE CÉVENNE

C'est la partie nord des Cévennes Ardéchoises, s'étendant des pentes de la Montagne Ardéchoise au bassin d'Aubenas. En altitude, les communes occupent les hautes vallées envahies par les cratères et les cônes volcaniques. Le sol est constitué de granit et de lave ; le paysage est verdoyant, animé par des torrents rapides et des cascades. L'élevage de bovins ajoute des ressources à celles du châtaigniers. A plus basse altitude, entre 150 et 500 mètres, les sols sont variés, fertilisés par le basalte. Les pentes sont adoucies et les plaines sont allongées sur des coulées volcaniques.

Les nombreuses rivières ont permis le développement à partir du XVIIIème siècle, d'une industrie typiquement ardéchoise, le moulinage de la soie.

Ces nombreuses pentes et vallées donnent obligatoirement à tous les parcours de VTT des dénivelés conséquents.

7 - ST-JULIEN-DU-SERRE ST-ANDÉOL DE VALS

V1

Distance 15 km
Dénivelé 280 m
Horaire 2h00
Difficulté V1

Ce tracé facile, à proximité d'Aubenas, vous promènera en famille de St-Julien-du-Serre à St-Andéol-de-Vals, sur des pentes douces et des chemins confortables, entre crête boisée et vallon fertile.

ITINÉRAIRE

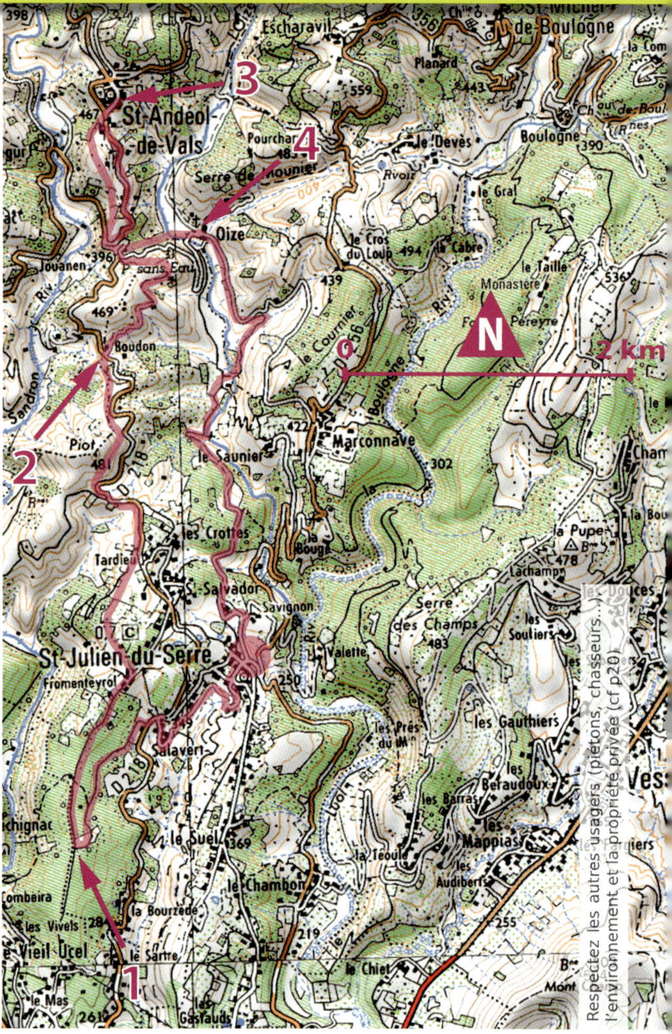

(345 m) Départ de la place de la mairie de St-Julien-du-Serre, en direction de l'église juste au-dessus, puis de suite à droite et encore à droite pour redescendre vers le hameau de Salavert par une petite route. Une fois rejointe la route d'Aubenas, la D218, la prendre sur la gauche pendant 50 m pour emprunter une piste à droite qui vous emmènera dans les bois par sa pente douce jusqu'à une autre piste en crête.

(1 : 380 m – 2,6 km) La prendre à droite, direction plein nord et la poursuivre jusqu'au hameau de Fromentérol où au carrefour il faudra prendre à gauche. A la fin de la partie goudronnée poursuivre la piste, en ne résistant pas à la tentation de s'amuser par un peu de trial facile sur un passage étonnant de rochers doux et arrondis... Retour sur une route à prendre sur la gauche pendant 150 m environ avant de filer tout droit sur une piste dans le premier virage à droite de la route. Cette piste surplombe en fait la route jusqu'à la retrouver au hameau de Boudon.

(2 : 405 m – 6,4 km) La traverser pour une plus petite route en face pour arriver tranquillement au « Pont sans Eau ». Là, utiliser sans complexe la route jusqu'à St-Andéol-de-Vals. *Variante : possibilité de court-circuiter les 3 km de la boucle suivante en reprenant directement le descriptif au niveau du « Pont sans Eau » dans la partie après le point 3 ci-après.*

(3 : 390 m – 9,1 km) Après un petit tour au centre du village, revenir sur ses pas en descendant la rue principale. A la sortie du village prendre une piste à droite qui passe dans le Mas de Pierre, la poursuivre en sentier avec un bref passage délicat entre les rochers. A la piste, prendre à droite jusqu'à se retrouver à nouveau au fameux « Pont sans Eau ». Là, descendre sous le pont par la route à gauche, puis après le lacet à droite, plonger à gauche dans un sentier pentu... *Possibilité d'éviter cette descente impressionnante en continuant la petite route pour retrouver l'itinéraire au pont sur l'Oize en contrebas.*

(4 : 340 m – 11,2 km) Traverser le pont, puis le hameau Oize par la route à droite, la poursuivre sur 600 m environ jusqu'à un grand virage à gauche où démarre une piste sur la droite qu'il faut suivre. Traverser à nouveau l'Oize un peu plus loin, et au carrefour après le pont , tourner à gauche. Il ne restera alors plus qu'à suivre, bien à l'ombre, cette piste, puis route, pendant 3 km pour rallier sans difficulté St-Julien-du-Serre.

Association intéressante : ce tracé peut-être raccordé au circuit « St-Andéol-de-Vals Genestelle » au niveau de St-Andéol-de-Vals. Il devient alors une mise en jambe pour un tour nettement plus costaud et complet à la découverte des pentes de l'Escrinet entourant Vals-les-Bains et Aubenas.

8 - JAUJAC COL DE LA CROIX DE MILLET

V2

Distance 23 km
Dénivelé 700 m
Horaire 3h00
Difficulté V2

Circuit en deux parties différentes et complémentaires, une première douce par les crêtes autour de la vallée du Lignon, puis une seconde plus physique sur les pentes du Cheylas pour atteindre l'apogée du tracé, le col de la Croix de Millet à 776 m d'altitude, avec son superbe point de vue dégagé aussi bien vers le nord que vers le sud.

ITINÉRAIRE (270 m) Départ de la grande place de Jaujac, en direction de l'église. La contourner par la rue à sa droite et la continuer jusqu'aux tennis. *Variante 1 pour un tracé raccourci de 7 km : il suffit de rallier directement le point 2 en ne tournant pas à gauche au tennis, le point en question n'étant distant que de 400 m du tennis.* Prendre à gauche derrière le tennis et prendre le petit passage tout droit pour rejoindre la route de Jaujac à Aubenas, la D19. La franchir pour poursuivre sur la petite route qui monte en face. Faire 650 m et prendre sur le replat un chemin à droite juste avant les premières maisons. Rester sur ce chemin en crête descendante, jusqu'à sa fin au hameau de Champ-Gontier sur la D19.

Association intéressante : un kilomètre après le point 1, le tracé passe à 50 m du point 1 du tracé « Prades la Chaberterie ».

(1 : 320 m – 3,7 km) La traverser par un gauche-droite de 50 m. Après le pont, poursuivre la petite route tout droit et la garder sur sa direction principale en montant pendant un kilomètre, avec un court passage à 18%. Dans le seul virage à gauche, à proximité de la route D323, prendre la piste à droite, direction Chassargues, et la poursuivre ensuite à travers champs pendant 900 m. Après une maison, arrivé à une petite route perpendiculaire, la prendre à droite et descendre jusqu'aux ponts de la Vigne. Prendre, à gauche après le premier pont, la piste remontant dans les bois jusqu'à la D323.

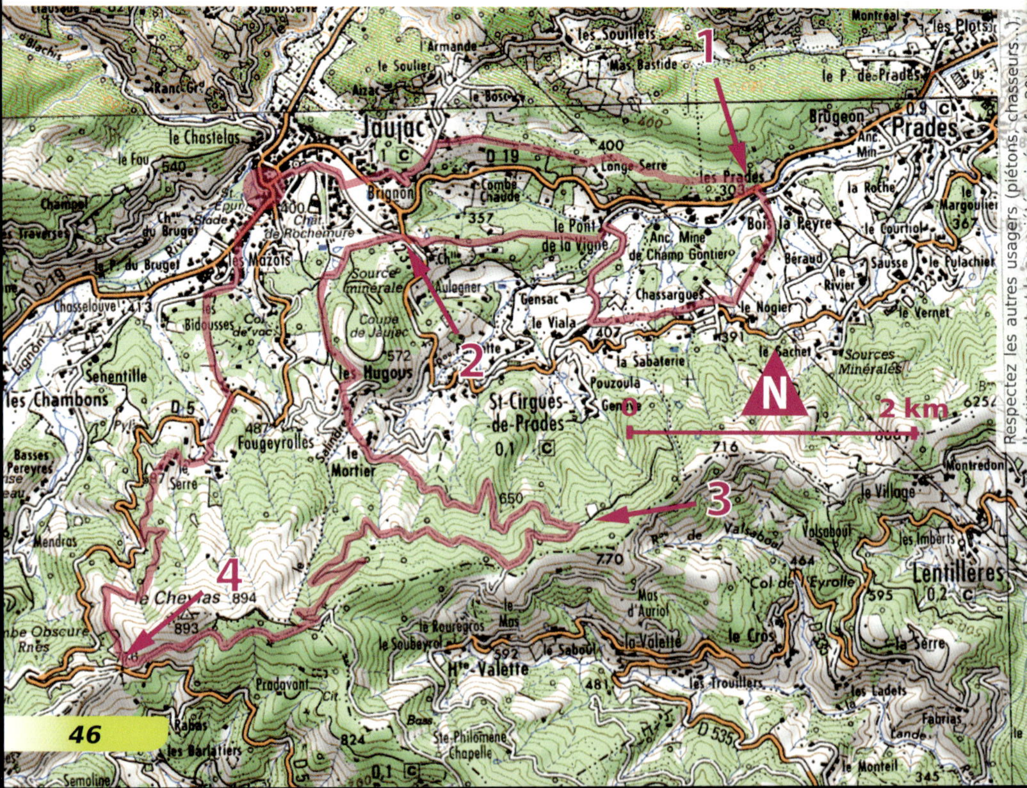

Respectez les autres usagers (piétons, chasseurs...)

(2 : 440 m – 8,1 km) *Variante 2 : possibilité de revenir directement au départ en court-circuitant la grande boucle avec l'ascension du col, en prenant en face la petite route à droite de la piste, pour rejoindre le tennis, puis le centre du village, ramenant la distance totale à 9 km seulement.* Traverser la route pour la première piste à gauche. Aller tout droit au premier carrefour. A noter qu'à gauche est le chemin d'entrée dans la gueule de la Coupe de Jaujac, cratère du plus jeune volcan d'Ardèche. Ensuite continuer toujours sur la gauche pour longer dans les châtaigniers le flanc du cratère, en passant à gauche d'un parcours dans les arbres. Arrivé sur une petite route la prendre à droite, et moins de 200 m plus loin à un carrefour, prendre le 2ème chemin à gauche, presque en face, pour passer devant les maisons du hameau des Hugous, puis descendre par un sentier jusqu'au ruisseau et remonter en poussage au hameau du Mortier, où un lavoir rafraichissant est le bienvenu. Emprunter la route d'accès du hameau sur 100 m pour lui préférer la première piste à droite après le virage. Ne plus lâcher celle-ci pendant 2,5 km jusqu'à la première intersection.

(3 : 680 m – 12,9 km) Prendre à droite pour encore 1 km jusqu'à la crête. Faire quelques mètres pour embrasser le panorama sur le versant sud, avant de poursuivre par la piste à droite à flanc sur le même versant. Au bout de 3 km, arrivé à nouveau sur la crête mais plus haut, prendre à droite. 200 m plus loin, au moment de basculer sur l'autre pente, les plus courageux prendront la variante à droite pour atteindre le sommet de la sortie, 894 m, avec le point de vue à 360° qui l'accompagne, les deux pistes se rejoignant un kilomètre plus loin. Il ne reste plus alors qu'à se laisser descendre en roue libre jusqu'au col de la Croix de Millet.

(4 : 775 m – 18,5 km) Vers le sud, la vallée de la Ligne et Largentière, vers le nord la vallée du Lignon et Jaujac. C'est donc parti pour une descente empierrée et roulante en prenant la piste à droite. Attention, au bout de 2,0 km, la couper par un sentier balisé jaune et blanc à droite, et continuer ce chemin par le hameau du Serre. A la route du hameau du Fau, la prendre à gauche pour tomber de suite sur la route du col à Jaujac, la D5. La prendre à droite sur 400 m, et au bout de la ligne droite avant le virage à droite, tourner à gauche pour traverser le hameau de la Mercerie, puis poursuivre la piste entre champs et bois, tout droit jusqu'à une petite route. Prendre à droite, et au prochain virage à gauche tout droit dans un chemin entre deux maisons, attention passage étroit au bord du ruisseau... Une fois à la grande route la prendre à droite pour entrer dans Jaujac.

9 - ST-ANDÉOL-DE-VALS GENESTELLE

V2

Distance 22 km
Dénivelé 850 m
Horaire 3h00
Difficulté V2

Sur les pentes vertes et ondulantes descendant de la crête de l'Escrinet vers Aubenas et Vals-les-Bains, ce tracé invite à la découverte de la grande diversité paisible de cette région : château, moulin, pont romain... Le neck basaltique derrière le château de Crau rappelle l'activité volcanique récente de cette région.

ITINÉRAIRE (470 m) Départ de la place de la salle des fêtes de St-Andéol-de-Vals, direction le carrefour de la sortie du nord du village à 150 m de là. Prendre la route en direction de la Planche-de-Gourdon sur 200 m environ, et à l'arrivée d'une petite route sur la gauche prendre le sentier entre les maisons du mas de Béraud pour se hisser jusqu'au hameau des Monteils. Prendre la piste à gauche au-dessus du hameau, et attention, 100 m après, la piste fait un angle droit à droite juste après lequel démarre discrètement un petit sentier sur la gauche qu'il faut emprunter jusqu'à une piste au niveau du hameau de Jouendeyre à prendre sur la droite. Laisser de coté la prochaine piste à droite, pour atteindre le coulet de la Conquiste. Au niveau de ce petit col, prendre à gauche une piste jusqu'au hameau. Elle se transforme alors en magnifique sentier isoniveau, à apprécier jusqu'au Mas du Cachot, qu'il faudra contourner en passant dessous pour rejoindre la piste.

(1 : 640 m – 5,5 km) Prendre cette piste sur la gauche pendant 300 m avant de bifurquer sur un sentier balisé à droite. Au carrefour de chemins, 750 m plus loin, aller tout droit en abandonnant le balisage sur la droite pour plonger dans une belle descente jusqu'au pied du hameau du Mazel. Ne pas traverser le pont sur le ruisseau du même nom, et contourner le moulin par le haut, moulin en état de marche, remarquablement bien conservé, qui vaut une visite si elle est possible. Rester alors toujours sur la rive droite du Mazel jusqu'au hameau du Nougier en alternant piste, petite route et sentier, en passant par les hameaux du Serre, du Pont et de la Glutière.

(2 : 650 m – 9,5 km) Au Nogier prendre à gauche la route D218 jusqu'à St Joseph des Bancs. Dans le village descendre à droite par une piste balisée. Au premier embranchement la continuer sur la droite jusqu'au Crouzas, puis 100 m après, petite route dans la même direction pendant 700 m. Juste après un petit pont en épingle à gauche, prendre un sentier qui grimpe à droite. A son sommet 400 m plus loin, le laisser sur la droite pour descendre à gauche. En bas après une ruine, traverser le ruisseau et remonter en face par une piste jusqu'à une route au point d'altitude 694 m. La prendre direction sud pour rejoindre le village de Genestelle.

(3 : 640 m – 15,0 km) Rester sur la route principale, la D318, jusqu'au col de Genestelle. Au carrefour du col prendre en face la petite route isoniveau pour rapidement découvrir l'impressionnant et tranquille château de Crau au pied du volcan homonyme.

(4 : 660 m – 17,0 km) Continuer la route sur 600 m pour la quitter pour un chemin balisé à gauche. Suivre ce balisage à travers champs et bois, et entre murets typiques, jusqu'au hameau de Font- Bonne sur la route D418. A la sortie du hameau, prendre le sentier sur la gauche, toujours balisé, pour une descente caladée et sinueuse « comme on les aime... ». A son point bas, le pont romain pour traverser le ruisseau du Sandron parachève par sa beauté ce grand moment de VTT. Il ne reste alors plus qu'à attaquer la dernière difficulté du tracé, le sentier remontant jusqu'à St- Andéol-de-Vals.

Association intéressante : ce tracé peut facilement être associé au parcours facile « St-Julien-du-Serre St-Andéol-de-Vals » pour un tour plus complet et conséquent.

10 - VESSEAUX ST-ETIENNE-DE-BOULOGNE

V2

Distance 30 km
Dénivelé 900 m
Horaire 4h00
Difficulté V2

Sur les pentes douces et rudes à la fois du versant sud de l'Escrinet, vous irez de crête en vallon, de hameau en village, de prairie en forêt, de grès en calcaire, voire en basalte, de châtaigneraies en verger. Et les vestiges du château de Boulogne rappelleront l'importance historique de cet axe reliant Aubenas à Privas.

ITINÉRAIRE

(290 m) Départ de la cave coopérative à la sortie nord du village de Vesseaux. Prendre la piste principale derrière la cave, piste qui est en fait l'ancienne voie ferrée reliant Vesseaux à Privas par le tunnel du col de l'Escrinet. Pour les amateurs de BMX et autres montagnes russes en tout genre, afin de s'échauffer en rigolant bien, juste à droite après la cave s'offre un immense terrain de jeux dans des marnes... Poursuivre cette piste tranquillement, car la pente est douce, pendant un peu plus de 5 km, à l'ombre, jusqu'à rejoindre la D104 au niveau du col d'Auriolles.

(1 : 500 m – 5,1 km) *Variante : possibilité de couper le circuit en deux en prenant directement la route vers le château de Boulogne, le point 3.* La traverser pour prendre la première route à droite à flanc de pente jusqu'au hameau de l'Estrade, puis continuer tout droit. A la croix, prendre la piste à gauche pour descendre traverser le ruisseau de la Conchy pour grimper au village de St-Etienne-de-Boulogne. Traverser la D456 en direction du hameau d'Auzon, où à sa partie supérieure débute la piste grimpant au col du même nom. Pour passer sur le versant en face, il faut alors utiliser la piste montant calmement vers le nord à flanc de montagne pendant 1750 m.

(2 : 870 m – 12,3 km) Là, au lieu dit l'Auriol dans un petit col, il faut quitter la piste pour le chemin sur la gauche afin d'attaquer la descente sur ce nouveau versant. A la Geneste prendre la route sur 300 m et dans le virage à gauche prendre tout droit afin de contourner le Serre par le nord par un chemin, jusqu'à revenir 2 km plus loin sur la route juste avant le Coulet. La garder, en faux plat descendant, pendant 1,7 km jusqu'au Couletet, mini col, et la quitter pour un chemin sur la gauche pour rejoindre par le flanc Est du Puy de Massiol, le village de St-Michel-de-Boulogne. A la chapelle, descendre par un sentier entre les deux routes sur une petite et courte route à prendre sur la gauche, puis chemin pendant 900 m. A la grande piste, revenir sur la droite jusqu'à la route d'accès à St Michel. L'emprunter sur la gauche pour atteindre les majestueuses ruines du château de Boulogne.

(3 : 420 m – 21,7 km) A la croix devant le château, descendre à droite pour rejoindre la route de l'autre coté, et ne la prendre que sur 100 m pour vite descendre au pont et

Château de Boulogne

remonter ensuite direction les crêtes au-dessus de Vesseaux. Pour cela, 300 m après le pont tourner à droite et une fois au sommet, un carrefour de pistes au km 24 et à 520 m d'altitude, continuer cette piste toujours dans sa direction principale pendant 2,7 km, où il faut prendre l'embranchement de gauche qui descend. Pour ne pas le manquer, c'est celui juste après le chemin allant à Lachamp sur la gauche. Continuer alors jusqu'à la sortie du hameau du Clap pour s'enfiler dans un petit chemin sur la gauche après les dernières maisons. Il descend directement au ruisseau qui traverse Vesseaux, ruisseau qu'il faut descendre vers le sud en longeant un grand et haut bâtiment. A son extrémité remonter à gauche par un passage étroit dans le village, et rejoindre alors sur la gauche la cave coopérative, en préférant les rues du centre du village à la route nationale.

11 - ANTRAIGUES-SUR-VOLANE

V3-

Distance 22 km
Dénivelé 950 m
Horaire 3h00
Difficulté V3-

Départ d'Antraigue, haut-lieu de cette Cévenne Ardéchoise, niché sur un piton rocheux entre le volcan de Crau et celui d'Aizac. Ce tracé, sans trop de difficultés techniques, mais avec pas mal de dénivelé, vous amène à la découverte de ces vallées vertes issues de l'activité volcanique de la région.

ITINÉRAIRE

(445 m) Départ du parking du Pont de l'Huile, 100 m avant le carrefour montant au village d'Antraigues, sur la gauche en venant de Vals-les-Bains. Remonter ces 100 m pour prendre la D254 direction Aizac, en franchissant la Volane par le pont à gauche entre deux anciennes usines. Rester sur cette route jusqu'au col d'Aizac, soit environ 3,3 km. *Variante 1 : possibilité de partir directement de la place du col d'Aizac pour éviter cette portion de route, soit environ 6 km de moins, mais ça élimine alors la redescente finale sur Antraigues par un beau chemin.*

(1 : 645 m – 3,3 km) Prendre à gauche la D443 sur 100 m, puis plonger dans un chemin à droite, à descendre jusqu'au moulin de la Coste. Traverser le pont et reprendre la D443 sur 300 m jusqu'à arriver sur la D243 à prendre à droite. Au bout de 350 m, dans un virage à droite avant un pont, prendre sur la gauche un chemin montant jusqu'à Juvinas.

(2 : 665 m – 6,7 km) A la route de Juvinas, la D343, la prendre à droite, passer devant l'église, et 450 m plus loin, bifurquer à gauche sur une petite route vers Haute Blachère. Après ce hameau continuer, et une fois au sommet et aux maisons du Chaumeil, poursuivre tout droit et garder cette trace jusqu'à redescendre sur la D243 au niveau de la Bastide-sur-Besorgues. Traverser la route pour le chemin en face et le garder jusqu'à revenir sur le village en passant devant le cimetière.

(3 : 655 m – 11,3 km) Au carrefour juste après le cimetière, tirer tout droit pour récupérer le chemin balisé venant du centre du village. Le suivre en passant devant une ancienne usine sur la rive gauche de la Besorgues. Continuer à flanc jusqu'à remonter sur la D254, à prendre à droite en abandonnant le balisage, pour 400 m plus loin prendre à gauche une petite route montante. Au bout de 400 m à nouveau, retrouver à droite le sentier balisé en direction du col d'Aizac.

(4 : 645 m – 15,6 km) Reprendre à nouveau la D443, passer le départ de la descente du début pour 100 m plus loin bifurquer cette fois à gauche sur une grande piste, dans le but de faire le tour de la Coupe d'Aizac, c'est à dire le tour de ce volcan

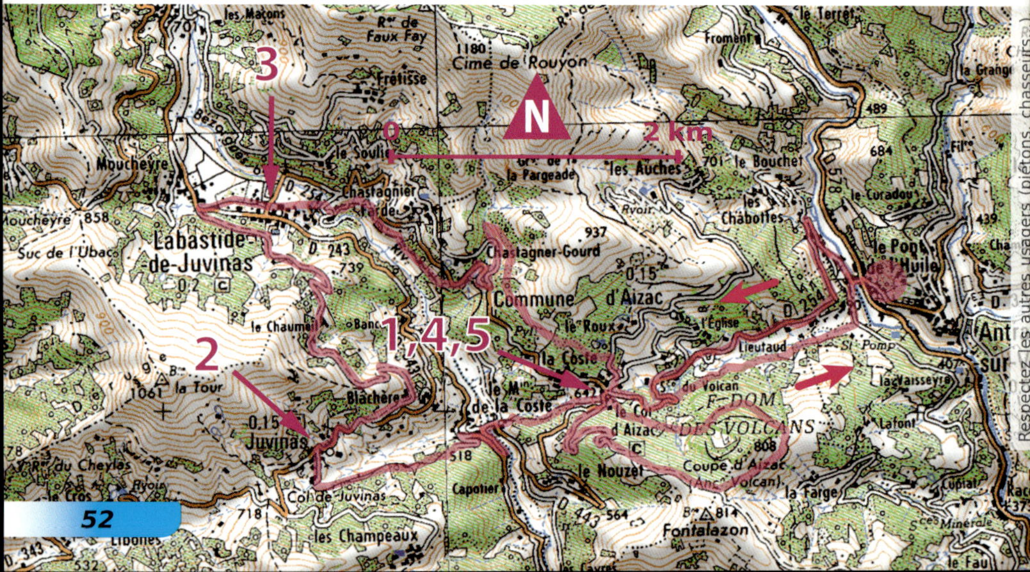

égueulé. Au bout de 1,9 km, au sommet de la montée, prendre à gauche le chemin contournant le volcan et ne plus le quitter. Attention seulement, 650 m plus loin, à ne pas prendre le chemin à gauche qui monte dans le cratère. Poursuivre en passant devant la coupe proprement dit, ou la gueule, et en redescendant ensuite sur la même trace jusqu'au col d'Aizac à nouveau... *Variante 2 évidente : possibilité de ne pas faire cette boucle, soit un peu plus de 4 km en moins.*

(5 : 645 m – 19,9 km) Prendre la D254 pour descendre en direction d'Antraigues, mais au bout de 600 m dans la première épingle à gauche, tirer tout droit sur un chemin balisé, jusqu'à une petite route tout en bas. La prendre à gauche sur 150 m pour utiliser alors un petit raccourci à droite amenant directement au Pont de l'Huile.

12 - PRADES LA CHABERTERIE

V3

Distance 17 km
Dénivelé 600 m
Horaire 2h30
Difficulté V3

Tracé court mais tout de même physique, permettant de passer d'un versant à l'autre de la montagne séparant la vallée du Salindre et le bassin d'Aubenas, avec deux passages en crêtes mémorables par leur beauté. Ce circuit peut être associé en partie avec celui « Jaujac le Col de la Croix de Millet ».

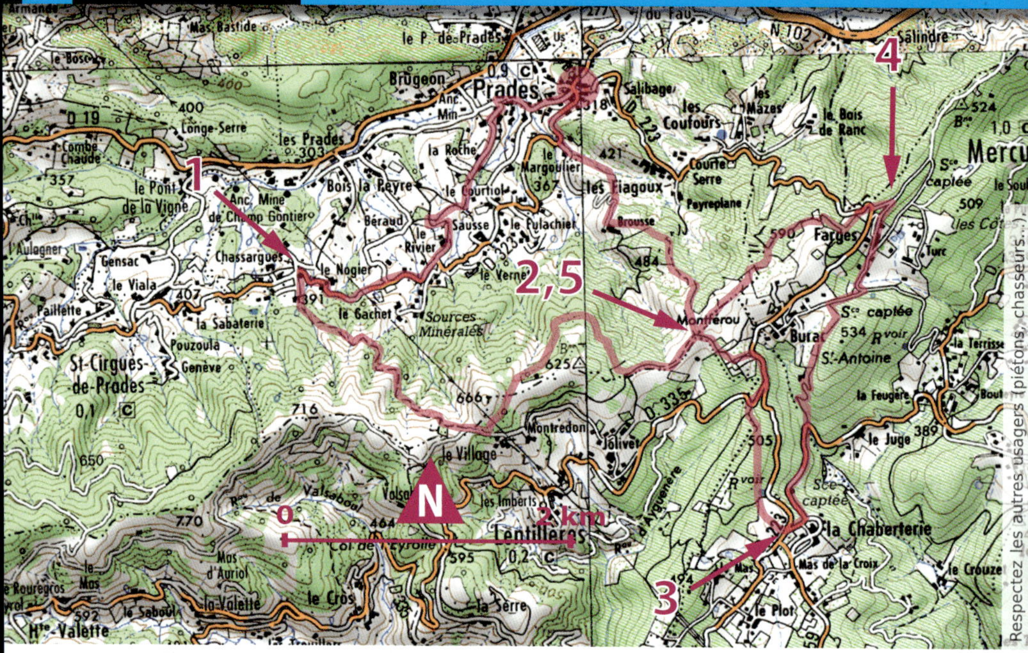

ITINÉRAIRE

(310 m) Départ de la place principale de Prades, place avec un kiosque, coté entrée du village en venant d'Aubenas. Descendre la rue principale, celle du milieu en face de la place. Après 600 m et deux ponts passés, prendre la petite route à gauche qui remonte. Au bout de 600 m elle devient une piste, la garder sur sa direction principale pendant 500 m jusqu'à une autre piste à prendre à gauche. Passer de suite une maison, puis un étang, et enfin le hameau du Rivier, pour arriver à la route D323. La prendre sur la droite sur 1,2 km pour arriver au carrefour du point 1, juste après avoir passé dans l'ordre, le hameau du Nogier, un petit pont et un virage à gauche.

Association intéressante : le point 1 de ce tracé est à 50 m du tracé « Jaujac col de la Croix de Millet », un kilomètre après le point 1 de ce dernier.

(1 : 390 m – 3,3 km) Prendre la petite route à gauche, à l'angle d'une grosse maison, et 300 m plus loin à une autre maison, poursuivre par le sentier dans la même direction. Ne plus le lâcher jusqu'à son sommet, un col sur la crête, au pied du suc de la Chabane, surplombant de l'autre coté le village de Lentillères. Prendre la grande piste sur la gauche en descente sur 200 m, et juste avant une petite route, bifurquer sur une piste à gauche. Ne la garder que sur 400 m pour s'enfiler alors sur un sentier à gauche. Son départ est après une petite bosse et un virage à droite de la piste. Ce sentier contourne par le nord le sommet de la Loubeyre pour retomber ensuite sur le chemin de crête qu'il faut poursuivre sur la gauche pendant un peu plus de 500 m, jusqu'à un carrefour à un petit col.

(2 : 740 m – 7,7 km) *Variante 1 : possibilité de court-circuiter la boucle sur l'autre versant en basculant de suite à gauche , soit en transformant directement ce point 2 en point 5, et en réduisant le parcours de 7 km.* Basculer à droite sur le versant sud, et à 150 m préférer la petite trace à droite pour rejoindre au plus court la route en contrebas. La prendre à droite et au carrefour suivant, direction Lentillères. Dans le virage à droite 100 m plus loin, tirer tout droit dans un triangle de pistes pour prendre de suite le chemin sur la gauche. Le garder sur sa direction principale pendant 600 m pour atterrir sur une piste proche de la route au niveau d'une réserve d'eau. La traverser pour le sentier en face à garder tout droit sur 250 m jusqu'à la route.

(3 : 450 m – 9,6 km) Au carrefour de routes tout proche, prendre celle du bas en direction de Mercuer et Aubenas, et la quitter 900 m plus bas , après un pont dans une épingle à droite, pour une piste montante empierrée. Au bout de 1,2 km de grimpette, arrivé sur une petite route, prendre à droite et 300 m plus bas à gauche. A l'entrée du hameau de Farges, 300 m plus loin, prendre la route de gauche et la poursuivre tout droit sur 400 m. Prendre alors à gauche pour arriver au col de Farges.

(4 : 520 m – 12,7 km) *Variante 2 : possibilité de rentrer directement à Prades par la route en descendant sur la droite, réduisant le parcours de 2 km mais surtout évitant la dernière montée en crête.* Traverser la D223 pour prendre en face le chemin montant. Dans le premier lacet à gauche, ne pas aller tout droit, ça coupe, mais c'est plus dur... A la bifurcation suivante, juste après l'arrivée du chemin qui coupe, prendre à droite. 50 m après le lacet à gauche suivant, bien continuer la trace principale sur la droite, c'est alors parti pour un étroit sentier de crête, avec juste un passage raide mais court, jusqu'au col déjà connu du point 2.

(5 : 740 m – 14,5 km) Basculer à droite, donc à l'opposé du premier passage, sur le versant nord, pour la superbe descente finale sur Prades. Bien rester toujours sur la gauche pour rejoindre le hameau de Brousse. Continuer la descente par sa route d'accès, et à la 2ème épingle à gauche tirer tout droit pour un nouveau sentier. A une petite route, la prendre à droite sur 100 m pour tomber sur la D323 ralliant Prades sur la droite en à peine 500 m. *Variante 3 : partir de la Chaberterie, au point 3, pour ne faire alors que la boucle coté sud, soit seulement 7 km environ.*

13 - TAURIERS ROCLES

V3

Distance 22 km
Dénivelé 750 m
Horaire 3h00
Difficulté V3

Tracé plaisant et varié, entre pins et châtaigniers, cheminant tantôt à flanc de montagne, tantôt en fond de vallée le long de ruisseaux sauvages. A faire plus en automne ou au printemps pour bénéficier du charme de l'eau qui court sur les rochers.

ITINÉRAIRE

(405 m) Départ du parking du stade à l'entrée de Tauriers, à l'intérieur d'une épingle à gauche. Prendre le bout de rue à gauche dans l'épingle, qui monte raide, puis de suite à droite, et à la croix encore de suite à gauche sur un chemin entre 2 murets. Le poursuivre en piste jusqu'à rejoindre au bout de 1,3 km une petite route en face d'un réservoir. La prendre sur la droite sur 500 m pour bifurquer ensuite sur une piste à gauche, balisée. Une superbe descente, d'abord pierreuse puis sur tapis d'aiguilles de pin. La suivre jusqu'au fond du vallon du Roubreau. A la piste, la prendre à droite sur 50 m seulement.

(1 : 335 m – 3,2 km) A la bifurcation, prendre à droite un chemin qui va remonter le vallon d'un petit ruisseau. Au bout de 1,3 km, à une épingle à droite avec un pont, ne pas prendre ce pont, filer tout droit sur un chemin qui remonte ferme jusqu'à une route. Possibilité de faire un crochet de 500 m à droite pour visiter le village de Joannas et son château. La traverser et prendre en face le chemin en descente roulante. En bas, traverser le ruisseau à gué et remonter sur un carrefour de routes.

l'environnement et la propriété privée (cf p20)

(2 : 395 m – 5,8 km) *Variante 1 pour raccourcir d'environ 10 km : prendre la route à gauche direction Plançon, pour rejoindre directement le point 5. Et Variante 2 pour raccourcir d'un peu plus de 4 km : prendre la route en face pour rejoindre directement le point 4 au village de Rocles.* Prendre à droite sur 150 m, puis à gauche, balisé, direction la Grangette. Poursuivre le balisage jusqu'au hameau de Blaunac, notamment en coupant un virage à gauche par un pont en contrebas, au moulin de Justamont. Dans l'épingle à l'entrée de Blaunac, suivre le balisage pour longer les maisons par derrière, puis idem à la sortie de Blaunac. Le sentier monte jusqu'à la Croix du Coulet, avec un court poussage nécessaire. Prendre à gauche pour redescendre sur le hameau du Jal, puis continuer jusqu'à la Croix de Rocles par la route.

(3 : 480 m – 9,8 km) Au col, prendre la piste de l'autre coté de la route, direction Pied de Boeuf. La suivre en montée légère jusqu'à un replat dégagé au bout de 1,1 km. Prendre alors la piste bien à droite s'enfonçant dans les bois, mais attention, dans la première épingle à droite, tirer tout droit dans un sentier balisé. Le descendre pour ensuite remonter sévère, jusqu'à une route. La prendre à gauche sur 150 m pour reprendre le chemin balisé sur la droite direction Rocles.

(4 : 465 m – 12,7 km) Au village, contourner l'église pour prendre au niveau du cimetière derrière, un chemin sur la gauche direction les Pradettes. Monter au hameau, puis poursuivre par le chemin balisé grimpant en épingles dans les bois, sur 1,8 km. Là, attention, il faut abandonner le chemin balisé qui part sur la droite en crête, pour aller tout droit et basculer sur l'autre versant direction Leyvat. Au hameau, prendre sa route d'accès sur 350 m, puis bifurquer sur un sentier à droite, descendant entre la route et le ruisseau. Le garder sur un kilomètre pour arriver à une route et son pont sur le Roubreau.

(5 : 350 m – 17,1 km) Prendre à droite, passer le hameau de Plançon, puis le point 1 du départ, et poursuivre sur la piste à flanc. La garder pendant 3 km environ depuis Plançon, jusqu'à trouver un chemin à 180° à gauche pour remonter sur la route ramenant à Tauriers par sa droite.

V3+

Distance 27 km
Dénivelé 750 m
Horaire 3h30
Difficulté V3+

Un grand classique des circuits VTT à proximité d'Aubenas. Ce massif doux et boisé se prête à merveille aux promenades dominicales en tout genre. Ce tracé à l'ombre des pins, mariant habilement sentiers sauvages et pistes roulantes, en fait le tour complet.

Eglise d'Ailhon

ITINÉRAIRE (445 m) Départ du parking du cimetière pour rallier la place du centre du village. *Variante pour court-circuiter toute la 1ère partie, soit 9 km : au carrefour de la place, prendre à droite sur 200 m puis tourner sur la piste à gauche avant le virage de la route, pour arriver directement au point 2. Pour cela, au niveau de la 1ère épingle à gauche, prendre le sentier à droite.* Aller chercher le sentier tout au fond vers la mairie, en passant devant l'église. Le descendre à travers bois jusqu'à une piste qu'il faut prendre sur la gauche pendant 1,1 km. Là, ne pas manquer le chemin descendant à droite vers le Crouzet, une ancienne ferme fortifiée, couramment et improprement appelée abbaye. Attention sur la fin de cette descente, passage trialisant pentu... Le lieu vaut bien une pause pour en faire le tour, notamment, à l'arrière, les vestiges du moulin et de son aqueduc envahis par la végétation. En repartir par la piste vers le nord, face à l'entrée, et de suite prendre à gauche vers une ancienne ferme, puis poursuivre cette piste en montée. Dans le premier lacet à gauche, tirer tout droit dans le chemin, remonter sur le plat, jusqu'à un grand carrefour de pistes où il faudra poursuivre vers les champs.

(1 : 400 m – 4,3 km) A la route tourner de suite à droite pour un sentier le long d'une haie et le suivre pendant 350 m. A ce point, le poursuivre sur la droite pour descendre pendant 800 m jusqu'à une piste à prendre à droite pendant 600 m, pour bifurquer alors à droite et à angle droit dans un sentier descendant tout droit dans la garrigue. Une fois à la route, la prendre sur la gauche en légère montée pendant 800 m. Au carrefour, aller tout droit dans la pente pour descendre jusqu'à Gaude, ancienne filature devenue discothèque. Attention, ce secteur, proche banlieue d'Aubenas, peut être soumis à d'importantes modifications liées à la pression de l'urbanisation. Au pied de la discothèque en question, après le pont, poursuivre en montant par la piste sur 2 km, jusqu'à s'approcher d'une épingle d'une piste.

(2 : 385 m – 9,9 km) Ne pas rejoindre cette piste, tourner juste avant sur un sentier à gauche. Bien garder ce sentier jusqu'en bas du vallon avec un ruisseau à franchir. Attention, marche avant le ruisseau et « coup de cul » après... Le sentier s'élargit rapidement pour devenir un chemin confortable isoniveau sous les pins, finissant dans le village de Fons.

(3 : 300 m – 13,3 km) Dans Fons, au carrefour avec la route principale, la D153, au niveau d'une placette, prendre la route à droite, et la garder toujours sur la droite pendant 1,1 km jusqu'à un pont dans un virage. Juste après ce dernier, bifurquer à droite sur une large piste montante à flanc. Passer une première épingle à droite, puis 200 m plus loin prendre à gauche pour une piste à poursuivre sur sa trace principale

pendant 2,1 km. Là, dans la descente, ne pas manquer le chemin à droite qui remonte. Après une coupe de bois, le chemin se rétrécit progressivement pour devenir un sympathique sentier zigzaguant entre pins et genêts et se terminant par un court toboggan au-dessus d'une piste. Prendre celle-ci sur la droite pour monter gentiment jusqu'au hameau de Merzelet.

(4 : 405 m – 18,9 km) A l'angle de la dernière maison du hameau, à l'arrivée de la route, prendre la deuxième piste à droite, pas celle le long des maisons. Un kilomètre plus loin à la sortie des bois, continuer sur la route jusqu'à Chaunes. A la sortie du hameau, au niveau d'un carrefour, plonger à gauche sur un chemin qui sur sa fin deviendra un sentier, pour déboucher sur une petite route aux Granges de Védignac.

(5 : 420 m – 22,5 km) Prendre cette route sur la droite pendant 450 m, pour ensuite descendre à gauche dans un chemin. En bas, prendre à droite pour traverser un petit ruisseau et grimper brièvement jusqu'au hameau du Gay. Au hangar agricole, tourner à droite jusqu'au hameau du Plot. A sa sortie, prendre à droite et suivre ce chemin à travers champs jusqu'à la route D359. La prendre à droite, puis 200 m plus loin prendre la piste à gauche à garder jusqu'à retomber de nouveau sur la D359, après le hameau de la Lieure. Là, ne pas prendre la route, mais rester sur son coté gauche en utilisant un bout de petite route le long de maisons neuves, puis dans son virage à gauche, tirer tout droit pour rejoindre Ailhon par une calade pittoresque.

V3+

Distance 28 km
Dénivelé 1100
Horaire 4h30
Difficulté V3+

D'un coté à l'autre de la rivière Ardèche, de crêtes en vallées, ce parcours plus physique que technique, arpente et dévale joyeusement des pentes en sous-bois et visite des villages et hameaux plein de charmes.

ITINÉRAIRE (265 m) Départ de la place du 14 Juillet (ou de la Poste) en prenant en son fond la rue des Ecoles sur la gauche, puis la 2ème à droite pour tomber dans la rue Bonnaure. La prendre à gauche jusqu'à son extrémité, et là, dans le virage à droite, prendre une calade à gauche de la route, montant sévère. Elle rejoint la route 400 m plus loin. Emprunter celle dernière dans la même direction vers le haut sur 100 m seulement, pour reprendre un chemin qui redémarre à gauche de la route. 400 m plus loin, sur un replat dégagé, le chemin vient tangenter la route. *Variante pour un départ plus en douceur : tout en bas, au lieu de prendre la calade, préférer la route pour rejoindre le tracé au niveau de ce replat.* Rester sur le chemin et poursuivre tout droit par une montée raide, mais brève, jusqu'à un chemin partant sur la gauche. Le poursuivre 250 m après les maisons du Puy de Prades, et prendre alors un sentier à gauche descendant dans les châtaigniers jusqu'au hameau de la Prades. Descendre sa route d'accès et prendre 2 fois à droite sans traverser la D19. Longer par une piste le ruisseau du Tournon, puis le traverser, passer les maisons de Chanareille et monter dans les bois jusqu'à rejoindre la D119. La prendre à gauche, et quelques virages plus loin, traverser le village de Fabras.

Château de Ventadour

(1 : 465 m – 7,5 km) A son extrémité, au niveau de la mairie et de la salle des fêtes, prendre la petite route à droite. Au bout d'un kilomètre, à son sommet prendre la première à droite. A la patte d'oie 200 m plus loin, prendre à gauche et encore 200 m après dans une épingle à droite s'enfiler sur un sentier. Peu après, à un petit col, très belle descente sous les châtaigniers, pour déboucher sur la D5.

(2 : 340 m – 10,3 km) *Variante pour court-circuiter toute la boucle suivante : prendre la D5 sur l adroite jusqu'au village de Pont-de-Labeaume, traverser le pont en face, et prendre à gauche pour se retrouver directement au point 3.* Traverser la D5 par un droite-gauche de 50 m pour arriver au pont de Réjus au-dessus du Lignon. Le franchir et emprunter la D26 jusqu'au pont du Barutel sur l'Ardèche. Après le pont, s'enfiler tout droit entre les maisons par un passage balisé, et gravir quelques marches pour déboucher sur la N102. La traverser pour prendre en face la route direction Meyras. 150 m après le carrefour prendre la calade balisée montant à gauche. Une fois sur

une petite route, la suivre jusqu'au village de Meyras. Possibilité de monter au château de Montségur à gauche en suivant le balisage, mais montée rude. Traverser la route D26 pour prendre de suite à droite la petite route parallèle à la D26. Au bout de 600 m, après deux intersections et une douce courbe à droite, prendre sur la gauche dans les bois, un chemin perpendiculaire à la route et balisé. Le descendre jusqu'au hameau Sabastier et le poursuivre sur la droite jusqu'à la route D536, au pied de l'imposant château de Ventadour. Prendre la D536 sur la droite, pour ensuite franchir de suite à gauche le pont sur la Fontaulière. Poursuivre sur la route en passant devant un moulinage jusqu'au carrefour suivant.

(3 : 330 m – 15,9 km) Là, prendre à gauche puis à droite direction Nièglès. Juste après ce dernier embranchement, monter à gauche par les escaliers pour s'engager sur un sentier grimpant jusqu'à Nièglès, hameau renommé pour son église et sa vue. Poursuivre en redescendant sur un petite route, et au carrefour, prendre le sentier à droite descendant sous la route. Une fois rejointe celle-ci, la garder direction Bidet pendant plus d'un kilomètre. Au hameau, au bout de la route, s'enfiler à droite dans un sentier balisé, sous un grand chêne : début caillouteux, puis descente à flanc dans les châtaigniers, et parfois au milieu des chèvres, jusqu'au hameau de Sétias. Le traverser et poursuivre sur la petite route en montée, sur 600 m, jusqu'à un petit col. Là, tirer tout droit sur une piste en face et ne plus la quitter pendant 1,8 km jusqu'au col de la Loube au-dessus des Fabres. Avant ce col, les différentes possibilités de chemins ne sont pas exploitables, pour raison de domaine privé.

(4 : 440 m – 22,5 km) Au col, prendre la route à gauche jusqu'au prochain col 900 m plus loin. Là, prendre à droite le chemin balisé montant raide pour atteindre le hameau de Montgrand. Prendre alors la piste à droite descendant sur un kilomètre, puis le sentier à droite direction le Pra pour une belle descente. Au hameau du Pra, poursuivre par sa route d'accès, puis à droite sur celle en bord d'Ardèche jusqu'au rond-point pour tourner à gauche afin de rejoindre directement Lalevade en franchissant l'Ardèche.

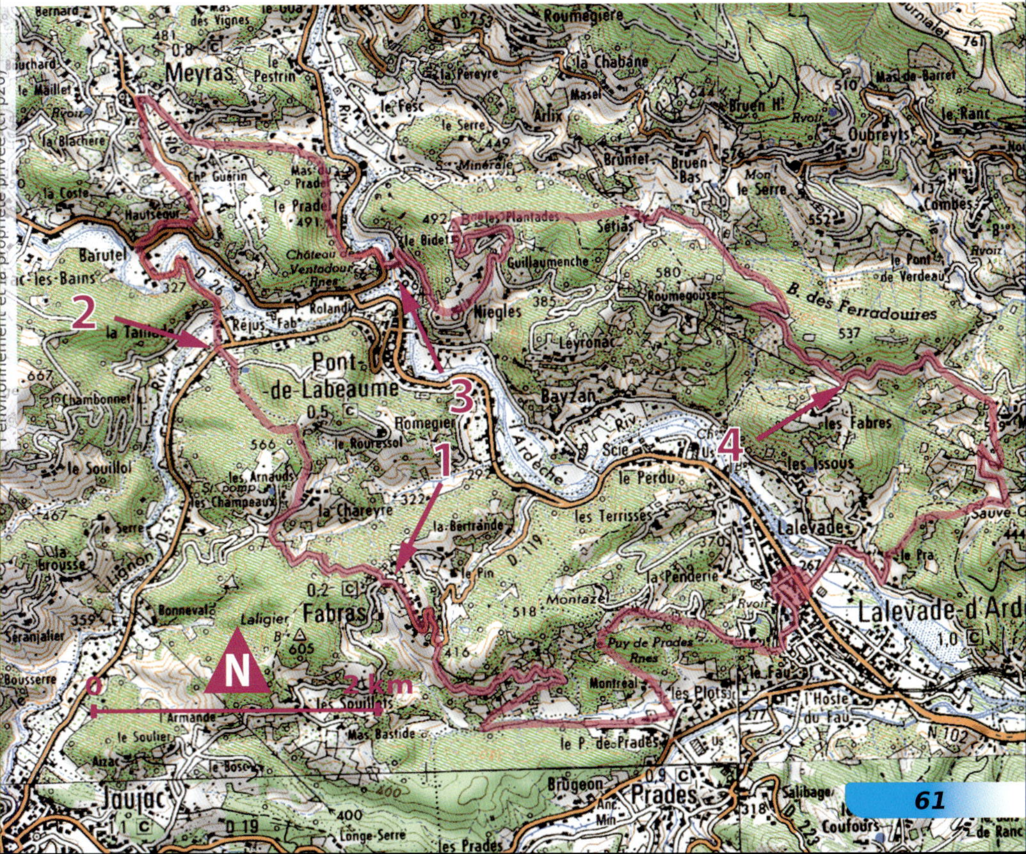

LE BAS VIVARAIS

Cette région est entièrement située au sud d'Aubenas. C'est la région la plus méditerranéenne du département, par son climat chaud et sec et sa végétation à la frontière de l'olivier. L'altitude est faible, mais cependant variée par les sillons des rivières dans les plateaux calcaires.

De terres arides et rocailleuses, les paysans d'autrefois ont su à force de labeur pour enlever les pierres des champs, faire de précieuses parcelles cultivables entre les clapas. C'est le pays de la garrigue, mais aussi de la vigne, des céréales et des vergers.

Le terrain, par ses concrétions karstiques, est très exigeant pour la pratique du VTT, sans parler des chaleurs d'été qui y sont plus fortes que partout ailleurs.

16 - RUOMS ST ALBAN

V1

Distance 18 km
Dénivelé 40 m
Horaire 1h30
Difficulté V1

Bucolique flânerie en terrain parfaitement plat, puisque sur le long des berges des trois principales rivières de l'Ardèche Méridionale et sur une ancienne voie ferrée. Les rives de l'Ardèche, du Chassezac et de la Baume sont idéales pour une promenade en vélo avec toute la famille.

ITINÉRAIRE (110 m) Départ de la place de la République à Ruoms en prenant, au fond de la place, la rue du Bac descendant vers l'Ardèche, comme son nom peut le laisser à penser. En bas prendre à gauche pour passer devant le camping municipal et prendre à droite à l'angle de la fin du camping pour aller chercher le sentier au bord de l'eau et suivre alors l'Ardèche vers l'aval. Revenir sur la route à la fin naturelle du sentier et la garder toujours à droite jusqu'au carrefour au pied du hameau St Michel, km 2,5. Là, utiliser l'ancienne voie ferrée sur la droite. Si le reste de ballastine encore présent peut en gêner certains, pas de problème, le chemin parallèle juste au-dessus fera fort bien l'affaire. En revanche au carrefour suivant, avec une ancienne petite maison de garde-barrière, il faudra reprendre l'ancienne voie ferrée, mais là, en bon état pour rouler. Au passage sur l'ancien pont au-dessus de l'Ardèche, sur la droite se dévoilera la confluence du Chassezac dans l'Ardèche. Attention, 300 m après ce pont, juste en face la Bastide, un pont a été démoli et il faut donc descendre de la voie ferrée par la gauche et prendre la route jusqu'à la station de pompage, km 6,1. A la date de rédaction un projet de réhabilitation de l'ancienne voie ferrée est en cours et devrait permettre prochainement d'éviter cette partie de route. Descendre vers les rives du Chassezac par la petite route sous la station de pompage, puis de suite la piste à droite, en la gardant sur la droite, jusqu'à une route, km 8. La prendre à droite pour traverser le Chassezac sur un grand pont blanc étroit.

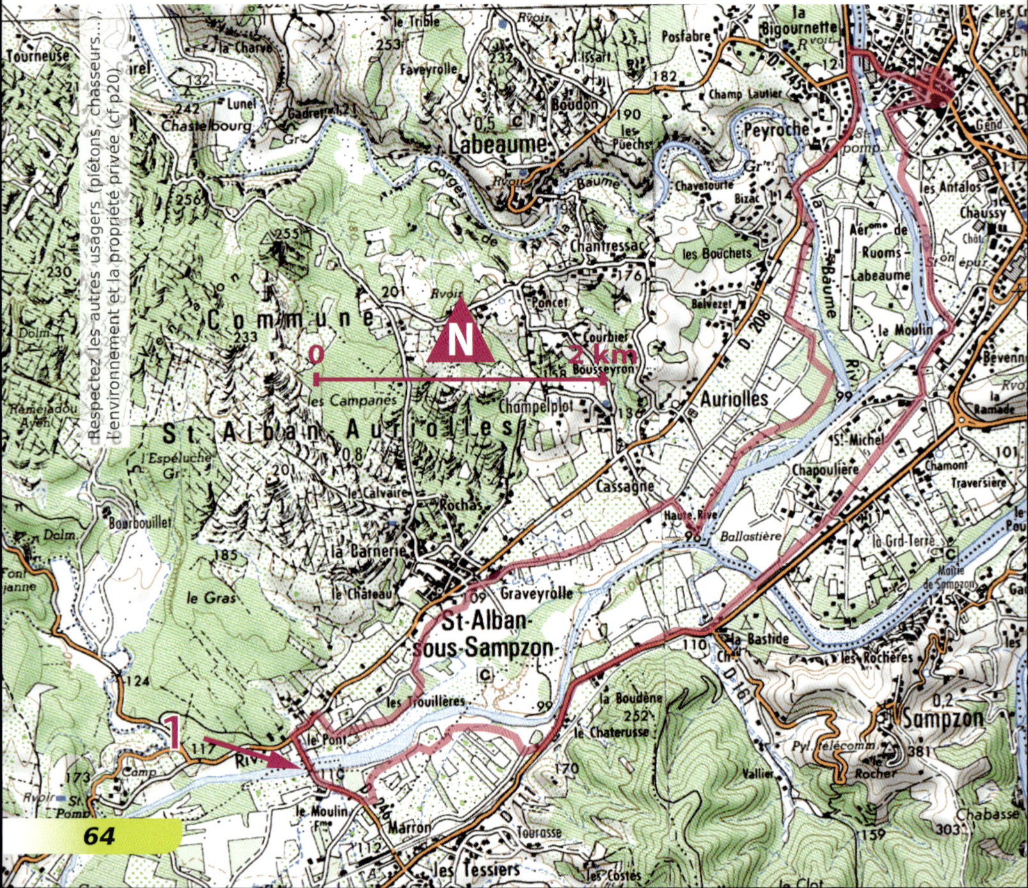

(1 : 110 m – 8,5 km) Au carrefour suivant à droite, puis 250 m plus loin encore à droite pour une piste direction le Chassezac qu'il faut suivre vers l'aval, à gauche donc, en passant sous le stade et le camping. Rejoindre le village de St Alban sans se laisser tenter par les chemins à droite... Poursuivre dans la partie basse du village, en dessous de la rue principale, pour emprunter une route de champs au milieu des vergers de pêchers. Attention, au début de cette route vers le km 11 sur la droite, un petit et discret ancien oratoire vaut bien une petite pause. Poursuivre jusqu'au carrefour indiquant la confluence à droite, vers le km 12,5, et s'y rendre pour se retrouver une

L'Ardèche à Ruoms, et au fond, le rocher de Sampzon

fois à la rivière, en face de la confluence avec l'Ardèche, avec en arrière-plan le vieux pont du chemin de fer franchi à l'aller. S'enfiler alors sur un sentier à gauche qui serpente en sous-bois et bord de rivière, en restant bien sur les traces des chevaux. Arrivé à une piste perpendiculaire la prendre sur la droite pour longer maintenant la rive droite de la Baume, juste en amont de sa confluence avec l'Ardèche. Au prochain carrefour en croix, prendre la piste à droite qui longe des vignes et aller jusqu'au bout en contournant la fin de la vigne pour déboucher sur la route à l'entrée d'un camping. Il ne reste plus alors qu'à suivre la route sur la droite, franchir la Baume sur un pont à voie unique, pour enfin arriver à celui de Ruoms sur l'Ardèche.

Associations intéressantes : ce parcours peut être logiquement associé au circuit « Chandolas le Chastelas » pour n'en faire plus qu'un de Ruoms à Maisonneuve et retour. Il suffit de ne pas traverser, aussi bien à l'aller qu'au retour, le Chassezac au pont entre St Alban et Grospierres.
Il peut aussi être naturellement raccordé au tracé « St Alban la Baume » pour un tour plus long et varié.

17 - CHANDOLAS CHASTELAS

V2

Distance 19 km
Dénivelé 220 m
Horaire 1h45
Difficulté V2

Balade douce et facile pour découvrir la mystérieuse résurgence de Font-Vive et son village médiéval du Chastelas. Son eau émeraude et cristalline, sortant du fond d'une cavité, garde encore d'énigmatiques secrets sur sa provenance, malgré les nombreuses plongées spéléo réalisées. Le petit tour à pied pour visiter le village fantôme du Chastelas, rendra cette sortie inoubliable.

ITINÉRAIRE (130 m) Départ de la place de la mairie, petit tour libre dans les étroites et fraîches ruelles du village coté mairie, pour démarrer vraiment en s'enfilant dans une rue au choix de l'autre coté de la route, coté rivière (Chassezac). Prendre à gauche pour rester parallèle à la route principale le plus longtemps possible. Une fois celle-ci rejointe il faut l'emprunter à droite et la quitter au bout de 300 m, pour une piste pierreuse à gauche, juste après un pont et dans un virage à droite. *Variante 1 : continuer la route, avec un beau passage en falaise surplombant le Chassezac, et la poursuivre en prenant à droite aux deux prochains carrefours, sans compter entre les deux celui menant au camping du Ranc d'Avène (cul de sac), pour arriver directement au pont sur le Chassezac (point 1). Cela évite la piste en montée caillouteuse.* Poursuivre cette piste sur sa direction principale pendant 1,7 km environ, moitié montée moitié descente, pour arriver sur la D246 en face d'un chemin d'accès au domaine de Bourbouillet. Traverser la route pour le prendre, et après avoir franchi le lit d'un ruisseau, tourner de suite à droite sur un chemin. Il suit en hauteur le lit du ruisseau, puis continue dans la garrigue. Prendre à gauche au 1er carrefour, puis tout droit aux chênes pour une petite montée avec une épingle. Ensuite deux fois à gauche et une fois à droite, pour alors descendre tout droit jusqu'à retrouver la route juste avant le pont sur le Chassezac.

(1 : 110 m – 5,2 km) Franchir alors le Chassezac sur le grand pont blanc à voie unique. 100 m après le pont, au niveau d'un ancien moulin, emprunter la piste sur la droite jusqu'à la ferme de Bournet. Là, prendre à gauche pour longer l'étang et le parc du château, jusqu'à rejoindre la D111. La traverser et ne faire que 100 m sur la petite

Résurgence de Font-Vive

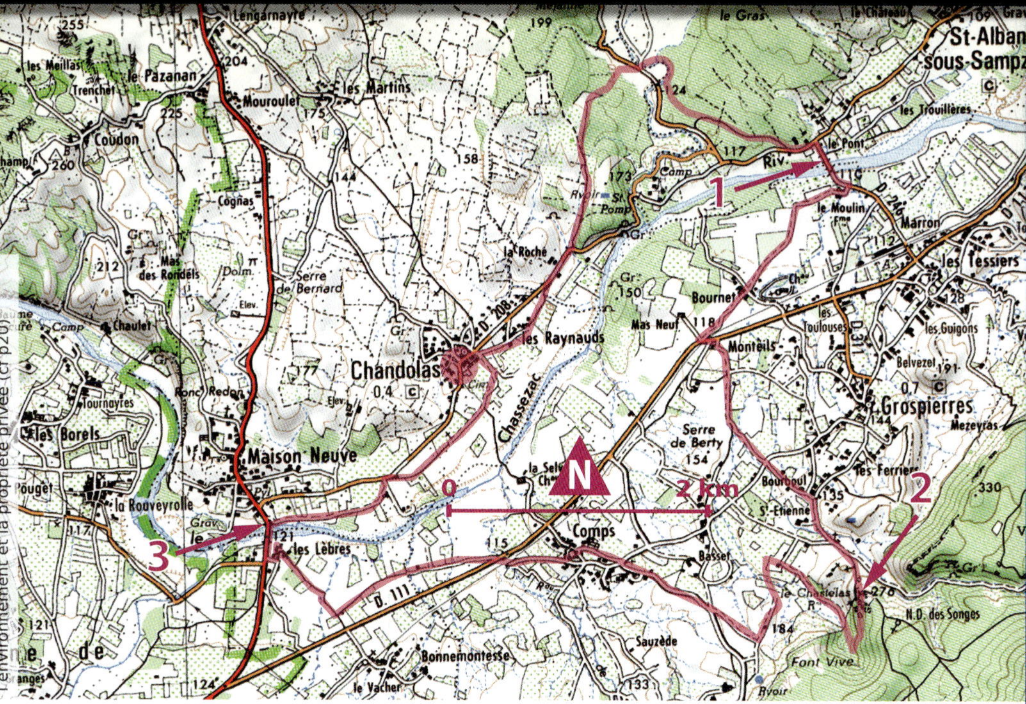

route en face, pour prendre le chemin balisé sur la droite qui passe sous les Monteils. Après le hameau, arrivé à une petite route, la prendre à droite, puis encore à droite, puis à gauche pour passer le long du stade. Prendre ensuite la 1ère piste à gauche, au carrefour suivant poursuivre dans la direction « Chastelas » et la garder jusqu'au Chastelas lui-même pour finir par une petite montée, la seule réelle de la journée.

(2 : 220 m – 9,6 km) Laisser le vélo le temps de déambuler dans les ruelles méandreuses et ruinées du Chastelas, village médiéval en cours de reconstruction. De retour au vélo s'enfiler à droite dans la magnifique descente sur la résurgence de Font-Vive. Une nouvelle halte s'impose alors pour admirer et respirer l'ambiance magique de cette source venue de nulle part. Continuer en longeant l'écoulement de l'eau. Attention, suivant son débit il faut parfois mouiller ses chaussures... Poursuivre le GR4 jusqu'à une large route bordant un golf, km 14. La prendre sur la droite, ou plus ludique, la suivre en slalomant au gré des marnes sur sa droite ! Toujours sur le GR, traverser le petit village de Comps, continuer, traverser la route, et filer par une ancienne piste à travers champs. La traversée du Tégoul, petite rivière, se fera soit à gué, soit sur les astucieuses sautières, en fonction du niveau de l'eau. Après le hameau des Lèbres, prendre la route sur la droite pour traverser le Chassezac au pont de Maisonneuve.

(3 : 120 m – 16,0 km) Juste après le pont descendre à droite et prendre de suite à gauche la piste le long de la rivière. Une fois rejointe la D208 dans un virage, reprendre de suite la piste à droite, après une entreprise de travaux publics, qui vous ramènera alors à Chandolas. *Variante 2 pour la fin : au pont de Maisonneuve, possibilité de suivre l'itinéraire décrit dans le circuit « Sampzon Maisonneuve » à partir du point 3 jusqu'à Chandolas. Il est plus ludique et technique, avec moins de piste et plus de sentier.*

Association intéressante : ce parcours peut être logiquement marié au circuit « Ruoms St Alban » pour n'en faire plus qu'un de Ruoms à Maisonneuve et retour. Il suffit de ne plus traverser, aussi bien à l'aller qu'au retour, le Chassezac au pont entre St Alban et Grospierres.

V2

Distance 13 km
Dénivelé 200 m
Horaire 1h30
Difficulté V2

Version courte et allégée du circuit « les gras de St-Alban-Auriolles », ce tracé sans aller jusqu'à la corniche au-dessus de Joyeuse, permet toutefois de découvrir les richesses de ces gras : belvédère sur les gorges de la Baume, avens profonds, nombreux dolmens, clapas, dolines, étonnante résurgence, cheminement entre murets, etc...

ITINÉRAIRE

(110 m) Départ de la place de la mairie par la rue adjacente venant de la rue principale et allant vers le haut du village. Passer deux croisements de rues et continuer en montant jusqu'à prendre une piste sur la gauche après un virage marqué à droite. Arrivé à un triangle de chemins sous de grands sapins avec le départ d'un calvaire et un dolmen à visiter à 100 m, prendre alors le large chemin montant et le suivre jusqu'au km 2,5 pour l'abandonner pour un sentier discret partant sur la droite. En cas de

Respectez les autres usagers (piétons, chasseurs...), l'environnement et la propriété privée (cf p20)

Garel et la vallée de la Baume

loupé, à l'intersection suivante faire demi-tour sur 200 m. Le suivre jusqu'à déboucher dans le virage d'une grande piste à prendre sur la droite, juste 150 m, pour un magnifique point de vue sur les gorges de la Baume.

(1 : 220 m – 3,8 km) Puis repartir en sens inverse sur cette piste jusqu'à passer un lacet à droite après le quel démarre un chemin sur la gauche en direction de Bourbouillet. Le garder et cheminer pendant dans les bois au moins 2,3 km jusqu'à l'entrée du domaine de Bourbouillet. Prendre le champ à droite pour découvrir à son extrémité un magnifique endroit où une résurgence jaillit des rochers. Attention après de forte pluies, il y a beaucoup d'eau...

Association intéressante : ce tracé peut être raccordé au facile circuit « Ruoms St Alban » pour en accroître sa longueur sans nuire à sa facilité.

(2 : 180 m – 7,2 km) Revenu sur la piste, la reprendre à gauche en sens inverse et tourner à droite 500 m plus loin en contournant et longeant la clôture du domaine de chasse. Après le « coup de cul » tourner sur le premier chemin pierreux à gauche. Au bout de 400 m prendre à droite, pour se retrouver alors à contre sens du chemin du départ. Un kilomètre après cet angle à droite, abandonner la direction principale pour prendre à droite un chemin balisé qui ramène alors, avec une fin en descente, sur St Alban.

V2+

Distance 25 km
Dénivelé 300 m
Horaire 3h00
Difficulté V2+

Tracé complet, aussi vététistique que touristique : rien de la richesse variée des gras de St Alban ne vous échappera : belvédère sur les gorges de la Baume, passage en corniche, avens profonds, nombreux dolmens, clapas, dolines, étonnante résurgence, cheminement entre murets, etc...

ITINÉRAIRE

(110 m) Départ de la place de la mairie par la rue adjacente venant de la rue principale et allant vers le haut du village. Passer deux croisements de rues et continuer en montant jusqu'à prendre une piste sur la gauche après un virage marqué à droite. Arrivé à un triangle de chemins sous de grands sapins avec le départ d'un calvaire et un dolmen à visiter à 100 m, prendre alors le large chemin montant. Le suivre jusqu'au km 2,5 pour l'abandonner pour un sentier discret partant sur la droite. En cas de loupé, à l'intersection suivante faire demi-tour sur 200 m. Le suivre jusqu'à déboucher dans le virage d'une grande piste.

(1 : 220 m – 3,7 km) Avant de la prendre sur la gauche, faire un bref aller-retour, 150 m, sur la droite pour un magnifique point de vue sur les gorges de la Baume. Reprendre donc ensuite la piste dans l'autre sens pendant 1,8 km jusqu'à un carrefour au point d'altitude 214 m sur la carte, où à droite une piste descend au hameau de Garel au bord de la Baume. Il faut prendre le chemin à gauche pendant 900 m et tourner à droite pour cheminer vers le nord jusqu'au hameau de Guilhaumon. Attention, à la date de rédaction ce secteur sauvage est en plein bouleversement par un grand nombre de constructions ; il est donc possible que les chemins soient modifiés à l'avenir. Se servir donc de la carte pour viser le hameau de Lauzette à l'Ouest-Nord-Ouest de Guilhaumon. Contourner Lauzette par l'ouest pour remonter une partie goudronnée vers le nord jusqu'à la crête avec vue sur Joyeuse.

(2 : 300 m – 9,6 km) Prendre alors le sentier « Jean Monnet » sur la gauche et bien rester au plus près de la crête même s'il faut s'écarter par moment de la trace principale. C'est un vrai régal, car en plus en descente.

(3 : 265 m – 11,6 km) A sa fin, près d'une maison, aller chercher le carrefour à 50 m plus loin pour prendre la piste à gauche, et la poursuivre sur un kilomètre tout juste. Emprunter alors le chemin légèrement sur la gauche sur 1300 m : attention à partir de l'embranchement pour le mas de l'Esclotte il faut continuer tout droit en suivant la trace principale dans la garrigue, et c'est au bout de ces 1300 m qu'un petit sentier discret sur la droite dans les bois est à prendre. Une fois retrouvé le chemin balisé le prendre sur la gauche pendant 500 m. Il faudra un peu pousser ou porter dans un passage rocheux. A l'intersection après ces 500 m, abandonner le balisage pour prendre à droite, c'est plus praticable. A la route la prendre à gauche sur 300 m.

(4 : 210 m – 15,7 km) Par le chemin partant à gauche, un aller-retour, 600 m, s'impose pour aller découvrir un impressionnant aven verdoyant et sa rivière souterraine au fond : le Réméjadou. Remarque : toute cette zone est truffée de nombreux avens et dolmens, la plupart indiquée sur la carte. Il peut être amusant de les chercher. De retour sur la route, la reprendre vers le sud sur 400 m pour obliquer sur une piste à gauche à travers champs. Une fois atteinte une grande piste blanche, la prendre sur la gauche sur 200 m, en face d'un domaine de chasse. A nouveau, un bref aller-retour sur la gauche jusqu'au fond d'un champ pour découvrir la résurgence de Bourbouillet qui jaillit des rochers. Attention après de forte pluies, il y a beaucoup d'eau... Revenu sur la piste, la poursuivre et tourner à droite en contournant et longeant la clôture du domaine de chasse. Après le « coup de cul » tourner sur le premier chemin pierreux à gauche. Au bout de 400 m prendre à droite, pour se retrouver alors à contre sens du chemin du départ. Un kilomètre après cet angle à droite, abandonner la direction principale pour prendre à droite un chemin balisé qui ramène alors, avec une fin en descente, sur St Alban.

20 - ST-PAUL-LE-JEUNE ST SÉBASTIEN

V3-

Distance 21 km
Dénivelé 500 m
Horaire 2h30
Difficulté V3-

Ce parcours agréable à la frontière du Gard, vous fera passer du calcaire au grès, de la plaine aux contreforts des Cévennes, de la garrigue à la forêt. Les hameaux typiques, entre grottes, dolmens et résurgences, seront autant de haltes appréciées. La chapelle St-Sébastien avec sa vue panoramique sera la récompense de la seule réelle grimpette.

ITINÉRAIRE

(260 m) Départ de la place principale de St-Paul-le-Jeune, sur le parking devant la pharmacie. Prendre la petite calade balisée, de l'autre coté de la route, entre deux maisons. Au bout de 400 m et 30 m de dénivelé environ, une fois sur le plateau en pleine garrigue, garder alors le cap sud-est, toujours tout droit pour un long faux plat descendant entre murets de pierre, buis et oliviers. Attention juste à bien tourner à gauche en bas d'une petite descente marquée, vers le km 2,5. Une fois atteinte la route D901, la traverser pour reprendre le sentier juste en face, direction Chadouillet. Si à son début le petit pierrier à traverser, avec élan, peut sembler inquiétant, en revanche toute sa suite est un réel régal à l'ombre des buis.

(1 : 185 m – 4,3 km) Au premier carrefour en arrivant dans le hameau de Chadouillet, il faut prendre à droite. Avant cela, ne pas hésiter à faire un petit tour à l'intérieur du hameau pour apprécier son charme et sa sereine tranquillité. Une fois la route reprise, celle-ci se transforme vite à la sortie de Chadouillet en large piste caillouteuse mais bien roulable. A ne pas manquer au km 5,5, sur la gauche dans une partie en légère montée, l'aven de la Cocalière ! À ne pas confondre avec la grotte touristique du même nom très proche et faisant partie du même réseau souterrain. Les plus hardis pourront descendre à pied dans cet immense puits de verdure et de fraicheur, et dans son fond, avec une lampe pénètreront dans la suite du réseau vers le Nord-Est pour ressortir 300 plus loin par la résurgence de la Côtepatière, et retour facile à la piste par un sentier ; sensations garanties par la beauté du lieu. Continuer alors cette piste roulante toujours dans sa direction principale vers l'ouest, jusqu'à sortir du bois. Au km 8,0 dans les champs, prendre le sentier complètement à gauche, direction sud, pour longer la route D904 de Saint-Paul-le-Jeune à Saint Ambroix. A remarquer en levant la tête : la chapelle Saint Sébastien sur son promontoire, futur sommet de ce parcours. Poursuivre ce sentier jusqu'à un petit passage souterrain pour traverser cette route très fréquentée.

(2 : 250 m – 8,5 km) Une fois la route traversée, prendre la partie goudronnée sur 400 m environ. Là, dans une courbe à gauche prendre le chemin sur la droite sur 250 m environ, pour ensuite emprunter sur la gauche un petit sentier discret et peu pratiqué. Cheminer jusqu'à atteindre le pied d'une zone de marnes qu'il faudra alors grimper en poussant le vélo pendant 200 m. A son sommet une petite route à prendre à droite jusqu'au carrefour du hameau de Pierre Morte à 300 m de là. Prendre à droite la montée en piste et la poursuivre jusqu'au sommet pour une pause bien méritée : contemplation du panorama, avec la table d'orientation, ou recueillement dans cette sobre et fraiche chapelle. Redescendre par la même piste jusqu'à mi-pente au niveau d'un replat avec un grand virage à gauche. Là, prendre le sentier balisé sur la droite pour une descente ludique sur un tapis d'aiguilles de pin, entre rochers et racines. *Double variante pour éviter la grimpée à la chapelle : partir du carrefour de la Pierre Morte, soit prendre le sentier entre la route et la montée de la chapelle, il rejoint directement et agréablement le point 3 en restant isoniveau, soit n'emprunter que la première moitié de la montée de la chapelle, jusqu'au départ sur la gauche du sentier de la redescente.*

(3 : 310 m – 12,5 km) A la route D351, la traverser vers la droite en allant prendre une large piste en face dans les bois. La suivre jusqu'à un embranchement à prendre sur la gauche vers le km 14, direction le Frigolet. La descente se fera sur une ancienne calade pour arriver sur une petite route à suivre très brièvement sur la droite. La quitter à la première maison pour pénétrer sur un sentier à droite de cette maison qui remonte jusqu'au château d'eau surplombant le beau hameau du Frigolet.

(4 : 340 m – 14,7 km) *Variante : pour rentrer directement sur St-Paul-le-Jeune en un peu plus d'un kilomètre, prendre à droite.* Traverser la piste pour prendre le sentier qui grimpe en face. Le poussage un peu raide de 300 m environ sera vite oublié grâce au superbe sentier qui suit, tout en crête et sous-bois. Au bout d'environ 2 km depuis le point 4, ce sentier arrive sur une piste montante à prendre sur la droite pour être de suite sur du plat, dans les genêts avec une vue dégagée sur St-Paul-le-Jeune. Un peu avant le km 18, continuer le sentier sur la droite pour bientôt attaquer la descente en direction de la Croix de la Devèze, descente légèrement technique par les pierres dispersées.

(5 : 320 m – 18,7 km) Au carrefour de la Croix de la Devèze, prendre la piste sur la droite, direction les Rousses. Dans le hameau des Rousses, s'enfiler dans la 2ème petite descente à gauche pour profiter d'une calade herbue typique, entre maisons et murs de pierre. En cas de loupé, rien de grave tous les chemins environnants sur la gauche redescendent sur le village de St Paul. En bas de la descente prendre sur la droite, à vue, vers le centre de St-Paul-le-Jeune, pour rejoindre le parking de la pharmacie.

Association intéressante : avec le circuit « Banne la Ganière » ; le point 4 est à seulement un kilomètre de la descente sur le point 1 de ce dernier. Il suffit de descendre sur le hameau du Frigolet et de poursuivre alors la piste sur la droite. De même, le point 5 est à 2 km par une petite route du lieu-dit Montgros peu après Banne.

V3-

Distance 26 km
Dénivelé 580 m
Horaire 23h30
Difficulté V3-

Surprenant parcours, bien marqué entre une zone aride et dégagée, façonnée pierre après pierre par des siècles de labeur paysan, et une zone plus élevée alternant prairies et bois. Vous serpenterez avec plaisir entre les deux, par de longs cheminements en fond de ruisseau ou en crêtes aériennes.

ITINÉRAIRE (315 m) Départ de la place de l'église, appelée « de l'Esplanade » ou « des Boeufs », en prenant la rue St Jean à gauche de l'église, jusqu'à déboucher sur la Grande Rue, qui est en fait la D259 allant à St Andéol. Prendre à gauche, puis 50 m plus loin à droite, puis de suite encore à droite, rue de l'Esparet sur 30 m pour prendre alors la première à gauche en contournant un parking. C'est parti ! Continuer la petite route en traversant un petit pont sur l'Ibie dont la source n'est pas loin. Puis poursuivre en montée par la voie de Chamarelles, balisée. Le chemin est rendu difficile par l'effet des eaux de pluie. Attention après la 1ère épingle à gauche, lâcher le balisage pour prendre le sentier à gauche. Pratiquement au sommet

de cette crête, 550 m plus loin, après un pierrier, plonger à droite, droit dans la pente sur une trace étroite, jusqu'au fond du vallon pour remonter en face sur une large piste. En haut, ne pas basculer sur l'autre versant, prendre à droite le chemin de crête balisé. 250 m après avoir passé le sommet, tourner à gauche à angle droit pour rejoindre la piste de Fournery. La prendre sur la droite et suivre le balisage direction St-Andéol-de-Berg. Attention dans la descente après Fournery à bien quitter la piste pour un chemin à gauche descendant jusqu'à la rivière. *Variante : il est possible de court-circuiter cette première partie quelque peu physique par ses ascensions sur les crêtes et la qualité de ses chemins, en reliant le point 1 directement par la route D259 au départ de Villeneuve-de-Berg en prenant la direction de St-Andéol-de-Berg : 2,5 km et 140 m de dénivelé de moins, et de la route au lieu de chemins caillouteux.*

(1 : 305 m – 5,7 km) Abandonner le balisage et prendre la D259 sur la droite sur 100 m seulement. Là, bifurquer à droite sur la piste sous la route, pas celle descendant dans les vignes. La poursuivre sans trop se poser de question, entre vignes et lits de ruisseau le plus souvent asséchés, sur sa direction principale pendant 3,8 km.

(2 : 310 m – 9,6 km) Arrivé sur une petite route la prendre à gauche, traverser le pont et tourner de suite à droite pour une piste propre et balisée. Suivre le balisage, notamment 150 m après l'épingle à droite, bifurquer à gauche pour monter le long des champs. Une fois la piste de crête récupérée, continuer à grimper en sous-bois de pins jusqu'au lieu-dit Serrecourt, où il faut prendre la piste à droite balisée, direction St-Jean-le-Centenier. Au bout de 800 m, à la route, prendre à droite jusqu'au carrefour du bois de Berg.

(3 : 500 m – 13,3 km) Continuer alors tout droit sur la piste dans le prolongement de la route. Surtout ne pas descendre d'un coté ou de l'autre. Commence alors un cheminement en crête style montagnes russes, alternant entre bois et prairies. Ne pas lâcher le balisage direction St-Jean-le-Centenier, jusqu'à passer à proximité du sommet le plus haut de tout le massif, celui de la Croix de Juliau, avec sa petite éolienne. Ne pas hésiter à faire ce crochet de 200 m pour le panorama à 360°. Ensuite, encore une dernière bosse dans un champ, et là commence la redescente continue vers Villeneuve-de-Berg.

(4 : 460 m – 18,6 km) En bas de la première descente, à la jonction avec une petite route, au lieu-dit Chatuzas, prendre la piste à droite, et 300 m plus loin à nouveau celle à droite, toujours direction St-Jean-le-Centenier, pour cheminer en corniche, jusqu'à l'apparition du goudron après les premières maisons. Continuer en pente douce sur cette petite route, sans jamais se laisser tenter par la nationale toute proche, en passant par les hameaux de Malavas, Argence, Chaumette, puis par toute la crête de Serre Longe, jusqu'à Villeneuve-de-Berg.

22 - LABEAUME ET SES GRAS

V3

Distance 20 km
Dénivelé 350 m
Horaire 2h30
Difficulté V3

Sans grandes difficultés physiques et techniques, ce tour vous fait découvrir de l'intérieur, le pays de Labeaume, village ancien typique de l'Ardèche Méridionale, labellisé « village de caractère », avec sa rivière sauvage et ses gras, son si caractéristique plateau calcaire et ses kilomètres de murets, de faïsses et de clapas, fruits du dur labeur de nos anciens.

ITINÉRAIRE (160 m) Départ du Récatadou, salle des fêtes de Labeaume, et son impressionnant belvédère surplombant les gorges de la Baume, en prenant la petite route sur sa droite. A la première intersection prendre à droite une courte descente raide, et traverser la route pour arriver au village de Labeaume.

(1 : 140 m – 1,0 km) De la place aux platanes, en face du pont submersible, attaquer la calade principale qui monte de belle manière jusqu'au sommet du village. Une fois rejointe la route, l'emprunter sur la droite pendant 270 m pour la quitter alors sur la droite par une piste direction les Puechs. Au bout de 1 km, dans un virage à angle droit vers la gauche, s'enfiler sur le sentier qui part tout droit, un passage technique descendant puis quelques marches à monter à pied, et une belle vue sur les gorges et des jardins en terrasse. Après 700 m de ce sentier, en prendre un autre sur la gauche, derrière le village de vacances de la Buissière pour rejoindre la route un peu plus haute à la Loubatière.

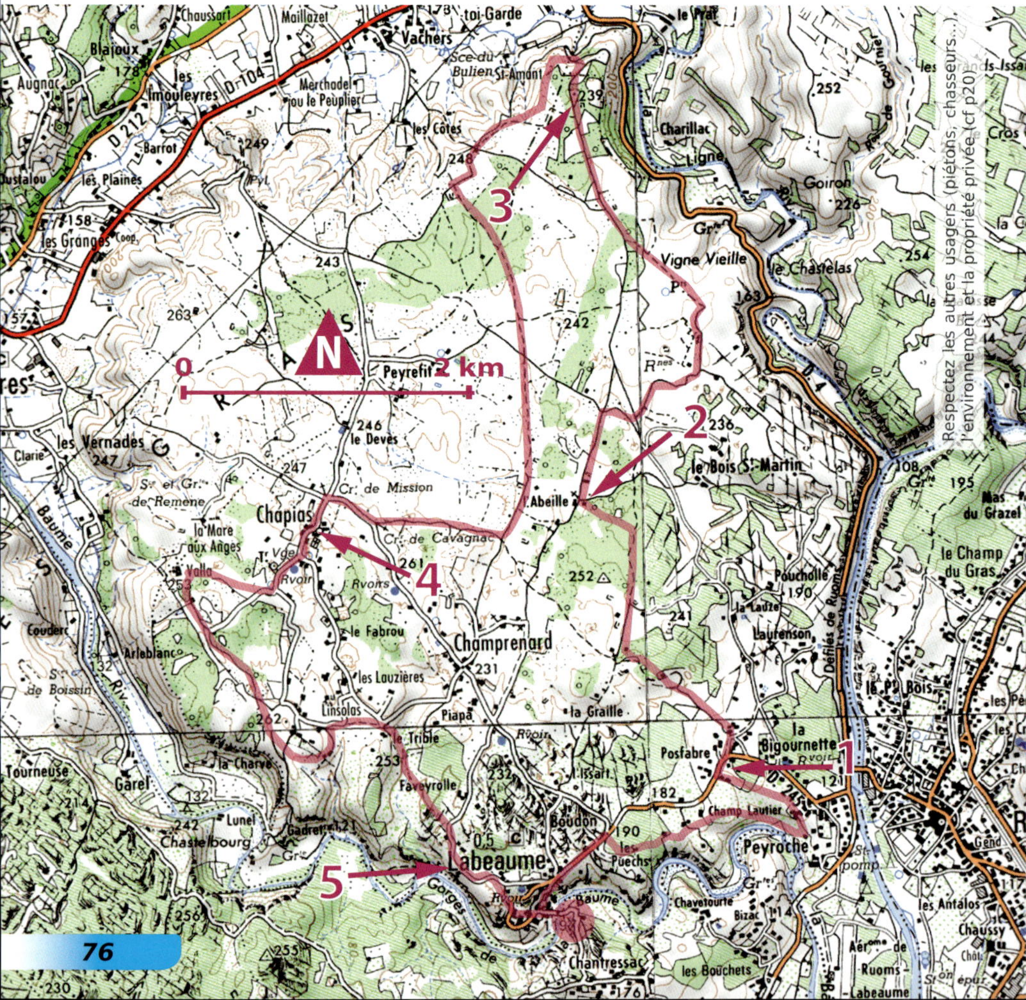

(2 : 170 m – 4,1 km) Prendre la route sur la droite pendant 200 m, puis une piste sur la gauche. La quitter juste avant le portail d'une propriété privée pour un sentier sur la gauche, puis de suite à droite un autre sentier étroit qui monte entre les pierres, jusqu'à une intersection à la croix de la Grange de Bernard. Prendre le chemin sur la droite, il se transforme en piste gravillonnée, continuer toujours tout droit en ignorant les départs à droite et à gauche jusqu'à se retrouver sur un sentier descendant entre les buis. A son point bas le suivre sur la gauche, traverser une belle doline entourée de ses rochers sentinelles et retrouver une piste sur la droite, puis une autre piste à prendre à gauche jusqu'à la grande ferme de l'Abeille toute proche.

(3 : 215 m – 7,0 km) *Variante pour court-circuiter la boucle nord : prendre la piste à gauche sur 600 m, puis à un carrefour avec un sentier balisé, le prendre à droite, jusqu'à une piste qu'il faut traverser tout droit. C'est alors le circuit normal pour rejoindre la croix de Cavagnac.* Prendre la piste sur la droite, passer une mare, un ancien pigeonnier transformé en observatoire astronomique, à droite à la première intersection, puis à gauche pour traverser une autre piste. Continuer en légère montée pendant 700 m où il faut emprunter une piste sur la gauche sur 350 m. Attention à ce point : il faut trouver l'entrée d'un petit sentier sur la gauche, faux plat descendant. Mais on peut aussi continuer la piste sur la droite juste pour un petit aller-retour afin d'admirer le point de vue sur gorges de la Ligne. A la fin du sentier, en face d'une ancienne casse auto, emprunter la grande piste sur la droite pendant 900 m jusqu'à dominer la vallée pour embrasser du regard toutes les Cévennes ardéchoises à l'horizon.

(4 : 240 m – 10,5 km) Le sentier dit de la corniche est à prendre sur la gauche. Le poursuivre jusqu'à une intersection où il se transforme en piste. Continuer alors tout droit sur 400 m environ jusqu'à prendre, vers le km 12 dans un virage prononcé à droite, un chemin sur la gauche qui devient vite un sentier. Le suivre direction plein sud sans discontinuer, environ 2 km, jusqu'à qu'il redevienne une piste juste après un gauche-droite, continuer alors sur 450 m et prendre une autre piste sur la droite jusqu'à la croix de Cavagnac. Prendre alors la route sur la droite jusqu'au hameau de Chapias et sa chapelle. Au passage, noter le robinet d'eau potable au pied de la croix de Mission ; l'été il est fort appréciable...

(5 : 260 m – 15,6 km) Aller jusqu'à la tour pour grimper à son sommet aux pieds de la Vierge, vue à 360° garantie ! ...sans oublier de garder le casque dans l'escalier... En revenant sur la petite route au pied de la tour, la prendre sur la droite jusqu'à un départ de chemin sur la droite avec une boîte aux lettres « tête d'E.T. ». L'emprunter et juste après la « maison bulle » prendre un sentier sur la gauche dans le bois. Le garder toujours sur la gauche jusqu'à une piste gravillonnée qu'il faut prendre encore à gauche. Ensuite toujours tout droit pendant 1 km environ sans se soucier des bifurcations. Après un virage à gauche prendre une piste herbeuse à droite, puis la deuxième à gauche pour atteindre une petite route. A droite pendant 130 m et là, un sentier tout droit dans un virage à angle droit à gauche. Arrivé sur un terre-plein avec le socle d'une croix et une borne à incendie, descendre le sentier caillouteux en face en passant devant un grand porche. Porche d'entrée d'une maison où tout vététiste sera bien accueilli ! Le suivre en descente, puis en remontée, jusqu'à atteindre une petite route. La prendre sur la droite jusqu'au Récatadou, le point de départ.

23 - SAMPZON MAISONNEUVE

V3

Distance 31 km
Dénivelé 600 m
Horaire 3h00
Difficulté V3

De la serre de Grospierre à la plaine du Chassezac, ce parcours est à lui seul une véritable machine à remonter dans le temps : châteaux, village médiéval, chapelle au milieu des bois, dolmens... Les différents points de vue sur les plaines et les rivières seront, en plus des descentes, la juste récompense des montées.

ITINÉRAIRE (110 m) Départ du parking du camping de la Bastide au pied du château du même nom. Commencer à prendre à gauche la route qui monte à Sampzon, et immédiatement s'enfiler sur un petit sentier à droite qui rejoint le lit d'un ruisseau, lit qu'il va falloir remonter en le longeant et le traversant plusieurs fois, mais sans difficulté car à sec la plupart du temps. Au bout d'un petit kilomètre, arrivé sur un chemin goudronné au niveau d'un pont, qu'il faut traverser à droite, poursuivre cette petite route, toujours en remontant le ruisseau jusqu'à un embranchement à prendre sur la gauche. La piste s'arrête alors à une maison, ancien moulin, et se transforme en sentier caillouteux : c'est là que la seule vraie difficulté du parcours commence... Pas de panique, le sentier monte jusqu'au village de Sampzon par une pente raisonnable et régulière, qui se maîtrise donc facilement si on l'attaque calmement.

(1 : 250 m – 3,0 km) Le sentier débouche sur une grande piste blanche, le GR 4. Il est alors temps de souffler un peu en admirant la vue sur l'Ardèche de l'autre coté de la piste. Il est aussi conseillé de prendre 10 minutes pour un aller-retour au vieux village de Sampzon, en prenant la piste sur la gauche, pour profiter de la vue panoramique offerte par ce formidable piton rocheux. A l'arrivée du sentier gravi, prendre la piste sur la droite pour la quitter 150 m plus loin pour le 2ème chemin sur la gauche, sorte de corniche avec vue sur la plaine de Vallon-Pont-d'Arc et l'entrée des célèbres Gorges. Ne plus quitter cette piste jusqu'au km 6,7 (sans l'éventuel aller-retour à Sampzon...) où là il suffira de suivre le balisage rouge et blanc du GR, et ce jusqu'au croisement du km 8,2, point d'altitude 337 m. Une nouvelle possibilité hors circuit : prendre à droite pendant 500 m pour découvrir un magnifique dolmen. Sinon, continuer la piste et le GR ; attention 600 m plus loin au carrefour « des chasseurs » suivre un léger gauche-droite. Poursuivre jusqu'au croisement du km 11.

(2 : 300 m – 11,0 km) Prendre le chemin descendant à droite, attention cailloux... et ne pas manquer, la chapelle Notre Dame des Songes sur la gauche dans la descente. Au carrefour suivant, laisser le GR et prendre la 2ème à gauche sur quelques mètres pour s'enfiler sur une trace à droite qui permet alors, en naviguant à vue, d'atteindre les ruines de l'ancien château du Chastelas, point culminant du hameau du même nom, et belvédère naturel sur toute la plaine de Grospierres. Ensuite, partie de slalom dans les ruelles méandreuses et ruinées du Chastelas, en faisant attention de ne

Respectez les autres usagers (piétons, chasseurs...), l'environnement et la propriété privée (cf p20)

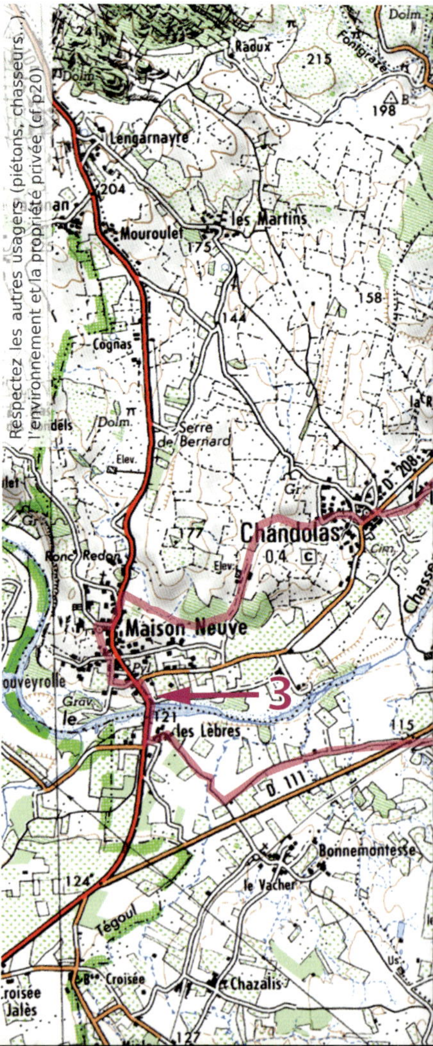

surtout rien abîmer. La reconstruction et l'entretien de ce hameau sont une mission laborieuse et de longue haleine. En bas de ce labyrinthe, trouver le départ du fabuleux sentier descendant vers la Font-Vive, poursuite du GR4 donc balisé rouge et blanc. Extraordinaire et mystérieuse résurgence à l'eau émeraude, dans un écrin de verdure, la Font-Vive oblige à une nouvelle halte pour admirer et respirer l'ambiance magique de cette source venue de nulle part. Continuer en longeant l'écoulement de l'eau. Attention, suivant son débit il faut parfois mouiller ses chaussures... *Variante 1 : possibilité de rejoindre directement le point 4 par Grospierres (voir carte).* Poursuivre le GR4 jusqu'à une large route bordant un golf, km 14. La prendre sur la droite, ou plus ludique, la suivre en slalomant au gré des marnes sur sa droite ! Toujours sur le GR, traverser le petit village de Comps, continuer, traverser la route, et filer par une ancienne piste à travers champs. La traversée du Tégoul, petite rivière, se fera soit à gué, soit sur les astucieuses sautières, en fonction du niveau de l'eau. Après le hameau des Lèbres, prendre la route sur la droite pour franchir le Chassezac au pont de Maisonneuve.

(3 : 110 m – 18,5 km) Après le pont, faire 1ère à gauche, 1ère à droite, 1ère à gauche et 1ère à droite, pour se retrouver alors derrière l'église de Maisonneuve, où il faut prendre à droite pour redescendre sur la grand route. La prendre à gauche sur 150 m, en passant devant un sympathique et apprécié marchand de cycles, grand vététiste qui plus est, puis plonger à droite dans un petit sentier agréable et balisé rejoignant un ruisseau asséché, et le suivre sur 1 km environ. Arrivé à une piste la prendre à

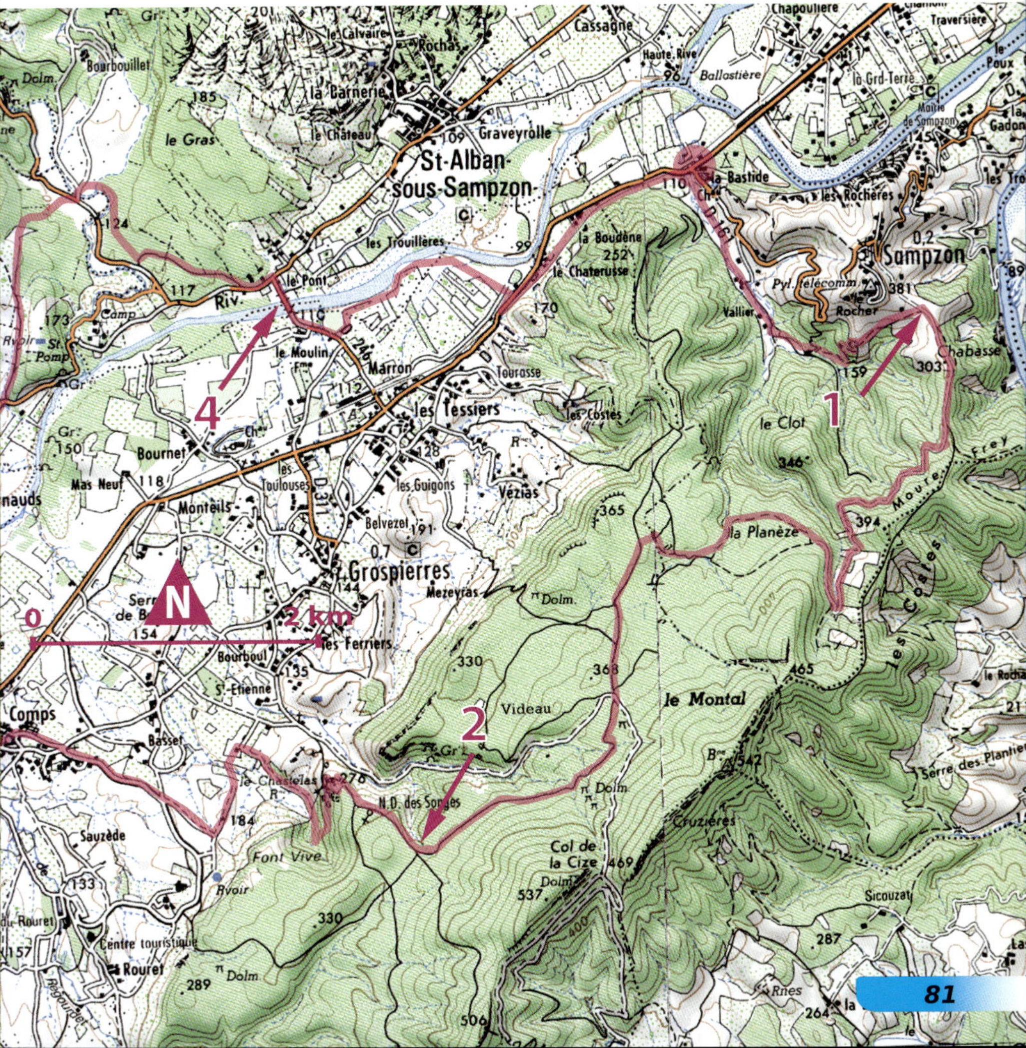

gauche, légère montée jusqu'à un ancien élevage puis chemin en légère descente. A son point bas, prendre bien à droite le lit d'un ruisseau zigzaguant entre les buis. Poursuivre le balisage jusqu'au centre du village de Chandolas, où le robinet sur la place de la mairie sera sûrement le bienvenu. Traverser la route principale, puis prendre à gauche pour rester parallèle à la route principale le plus longtemps possible. Une fois celle-ci rejointe il faut l'emprunter à droite et la quitter au bout de 300 m, pour une piste pierreuse à gauche, juste après un pont et dans un virage à droite. *Variante 2 : continuer la route, avec un beau passage en falaise surplombant le Chassezac, et la poursuivre en prenant à droite aux deux prochains carrefours, sans compter entre les deux celui menant au camping du Ranc d'Avène (cul de sac)., pour arriver directement au pont sur le Chassezac (point 1). Cela évite la piste en montée caillouteuse.* Poursuivre cette piste sur sa direction principale pendant 1,7 km environ, moitié montée moitié descente, pour arriver sur la D246 en face d'un chemin d'accès au domaine de Bourbouillet. Traverser la route pour le prendre, et après avoir franchi le lit d'un ruisseau, tourner de suite à droite sur un chemin. Il suit en hauteur le lit du ruisseau, puis continue dans la garrigue. Prendre à gauche au 1er carrefour, puis tout droit aux chênes pour une petite montée avec une épingle. Ensuite deux fois à gauche et une fois à droite, pour alors descendre tout droit jusqu'à retrouver la route juste avant le pont sur le Chassezac.

(4 : 110 m – 27,0 km) Environ 300 m après le pont, prendre à gauche une piste le long de la rivière jusqu'à rejoindre une petite route, qui prise à gauche remonte de suite sur la grande route, la D111, au niveau d'une station de pompage. « Dans quelques temps », il faudra traverser cette route pour utiliser alors l'ancienne voie ferrée sur la gauche qui ramènera gentiment en moins de 2 km directement à la Bastide, point d'arrivée. Malheureusement à la date de rédaction, le projet de réhabilitation de cette voie n'est pas encore finalisé. En attendant prendre la route sur la gauche...

24 - VOGÜÉ BALAZUC

V3

Distance 30 km
Dénivelé 600 m
Horaire 4h00
Difficulté V3

Très beau parcours très riche d'histoire, de culture et de paysages, passant par les principaux villages médiévaux et leurs châteaux du Bas-Vivarais. Parcours riche aussi de contrastes entre le début mouvementé dans les rudes et retranchées combes calcaires, jusqu'à la fin sauvage et tout en douceur en bordure d'Ardèche.

ITINÉRAIRE

(160 m) Départ du parking de Vogüé sur la rive gauche au bord de l'Ardèche, en allant chercher son extrémité coté aval. A cette sortie, traverser la route principale pour entrer dans les ruelles en remontant vers la gauche puis au bout du village prendre à droite en remontant encore pour une piste passant juste au-dessus du château. En profiter pour contempler le patchwork des toits sur fond de rivière. Dans le lacet à gauche de la piste, continuer tout droit le chemin pierreux jusqu'au carrefour à son sommet. Poursuivre tout droit jusqu'au km 1,2 et 223 m, où il faut prendre le sentier à gauche à travers bois jusqu'à une piste. La prendre à droite pendant 800 m puis s'enfiler à nouveau sur un chemin à droite et continuer toujours tout droit jusqu'au hameau des Chazes. Le contourner par l'est pour reprendre une piste à l'opposé jusqu'à la voie ferrée. La traverser et prendre de suite à gauche pour la longer jusqu'à la route D103. La prendre à gauche pendant 600 m pour tourner à droite au hameau de la Prade. Continuer cette petite route pendant encore 600 m pour tourner alors à gauche afin de traverser l'Auzon.

(1 : 180 m – 6,1 km) Après la rivière : à gauche, puis à droite, et encore à gauche pour prendre une piste jusqu'à Sauveplantade, hameau avec une église. 150 m après la croix, prendre la petite route à gauche, puis au bout de 150 m à nouveau, le premier sentier à gauche. Le suivre jusqu'à une petite route qu'il faut traverser pour prendre la

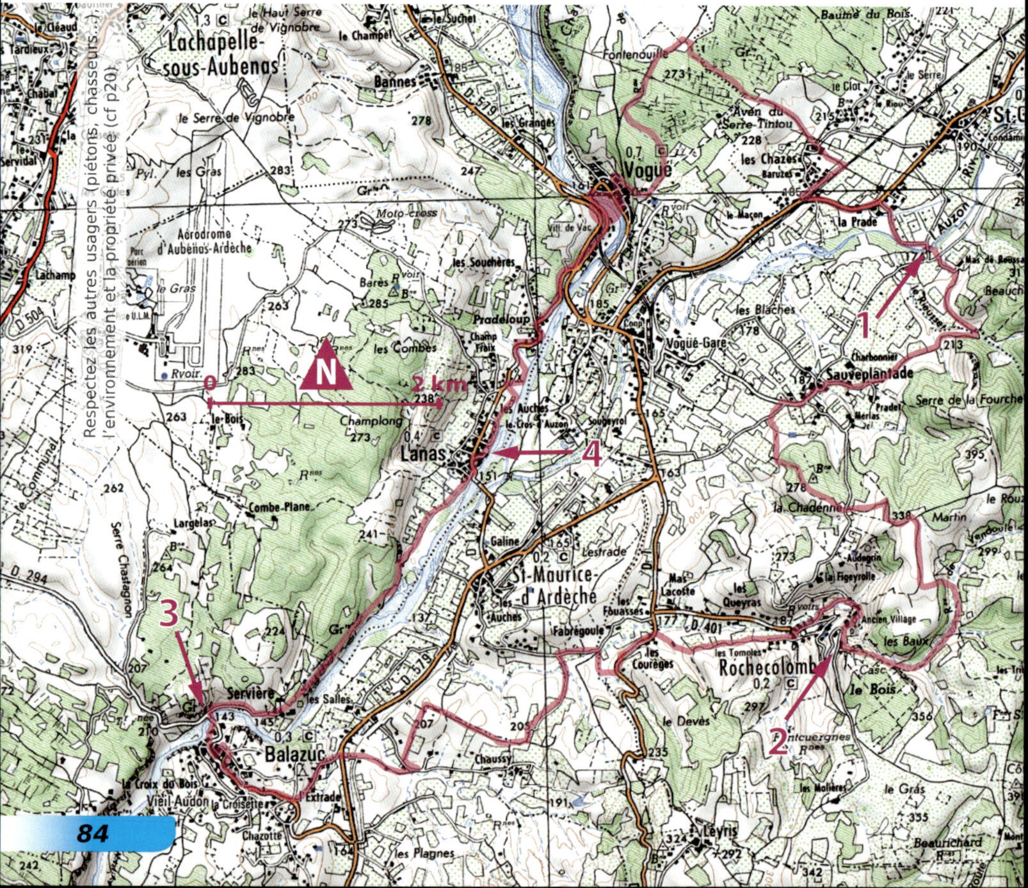

piste en face. Au bout de 800 m prendre à droite, puis 550 m plus loin à gauche pour descendre dans le lit d'un ruisseau. Le suivre vers l'aval puis vers la droite : le ruisseau s'enfonce alors pour finir en une magnifique cascade au-dessus de Rochecolombe, tandis que le sentier reste à flanc de vallon jusqu'à déboucher sur une route.

(2 : 260 m – 13,7 km) Descendre la route jusqu'à son premier virage à gauche où il faut prendre le sentier au pied du château en ruine pour zigzaguer dans les ruelles pentues de Rochecolombe jusqu'à son point le plus bas. Attention aux nombreux promeneurs qui visitent ce lieu magnifique. Passez devant le cimetière, puis au carrefour prendre en face une piste direction plein est jusqu'à la route de Lagorce, la D1. La suivre vers la gauche en légère montée pendant 400 m, puis descendre à droite une piste jusqu'à une petite route à poursuivre sur 350 m avant de tourner à gauche sur une piste. L'emprunter pendant 2,3 km jusqu'à une petite route à prendre sur la gauche, puis à droite au bout de 150 m. Une fois atteinte l'ancienne voie ferrée, la traverser et descendre sur la grande route par des escaliers. Continuer par la petite route en face, et ce jusqu'à Balazuc. Ce village de caractère, célèbre dans toute la région pour son charme, est à visiter en empruntant un maximum de ruelles du haut vers le bas.

(3 : 160 m – 19,8 km) Une fois sorti de ce labyrinthe médiéval, traverser le pont sur l'Ardèche pour suivre alors la rive droite de l'Ardèche vers l'amont. Traverser le hameau de Servière et prendre le sentier qui continue : passages en balcon et en bord de rivière sont un vrai régal, aussi bien pour le plaisir du VTT lui-même que pour celui des yeux. Poursuivre jusqu'à Lanas, autre village à traverser absolument en déambulant dans ses ruelles étroites et typiques.

(4 : 140 m – 26,6 km) Passer devant l'église pour prendre juste après le sentier sur la berge. Le suivre le plus longtemps possible, et après le contournement d'une aire de camping, rejoindre la route juste au-dessus au niveau d'un transformateur. La suivre vers la droite jusqu'au grand carrefour avec la D579. Traverser cette dernière pour poursuivre à travers le VVF de Vogüé jusqu'au pont métallique sur l'Ardèche. Le prendre, puis redescendre par la première ruelle à droite sur le parking du bord d'Ardèche.

Rochecolombe

25 - BALAZUC PRADONS

V3+

Distance 24 km
Dénivelé 570 m
Horaire 3h00
Difficulté V3+

Tout le Bas-Vivarais et sa vie laborieuse du début du XIXème siècle sont condensés dans cet itinéraire de choix : cirque taillé dans le calcaire par l'Ardèche, canyons asséchés, chênaies verdoyantes, garrigue rude et aride, clapas et murailles éparpillés, hameau accroché à la falaise, village de caractère...

ITINÉRAIRE (140 m) Départ du parking au pied de Balazuc en bordure d'Ardèche, par un inévitable tour libre dans les ruelles étroites tortueuses et caladées, avec passages sous voûtes, escaliers, maisons typiques, échoppes... Sortir du village par le haut jusqu'à la Croisette, où prendre à gauche direction la Croix du Bois. Au niveau du camping du même nom, continuer la petite route vers la gauche, puis rester dans la direction plein sud quand elle se transforme en piste. La continuer en descendant vers la rive gauche de l'Ardèche, rive qu'il faut suivre alors au plus près pendant un bon kilomètre jusqu'à rejoindre une piste sablonneuse. A partir de là, ne pas hésiter à se servir de la carte pour viser par les nombreuses pistes la traversée de la route D579 au point d'altitude 130 m.

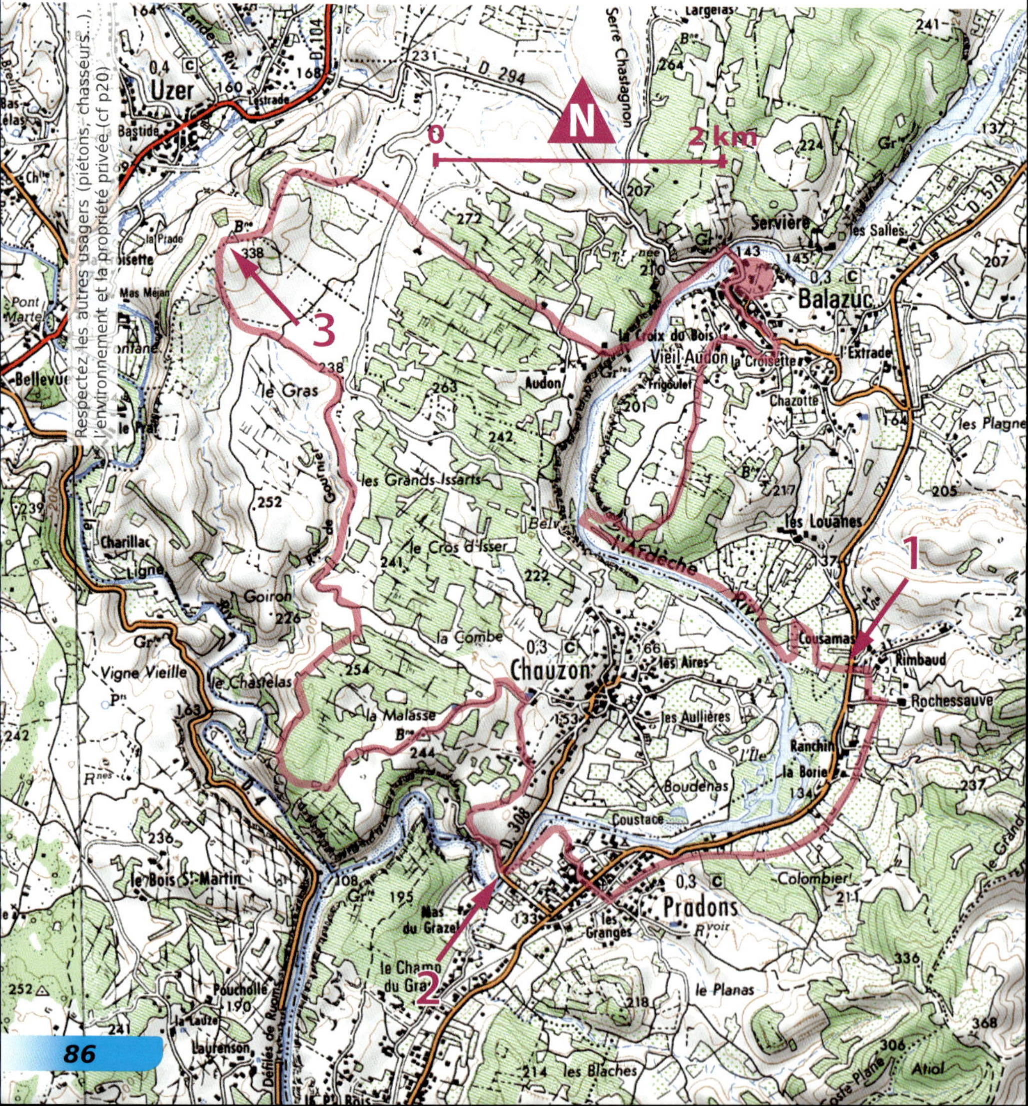

(1 : 130 m – 5,6 km) Une fois de l'autre coté de la route prendre tout droit sur 100 m direction Rimbaud puis à droite sur 150 m puis à gauche à nouveau pendant 100 m pour enfin monter sur l'ancienne voie ferrée. La prendre sur la droite direction le sud et ne plus la quitter jusqu'à Pradons. A la seconde intersection avec une route, prendre à droite et continuer par la rue en sens interdit (100 m à passer à pied donc...) jusqu'à la grande route à traverser par un bref gauche-droite. Visite du village en passant par l'église puis la salle des fêtes et continuer vers la rivière. Contourner le parking et longer l'Ardèche au plus près vers l'aval jusqu'au grand pont. Passer dessous et de suite à gauche pour remonter sur la route pour le franchir.

(2 : 120 m – 10,0 km) A la sortie du pont, s'enfiler tout droit sur le chemin qui monte, direction le cirque de Gens. Prétexter une reprise de souffle pour s'arrêter un peu avant le sommet afin d'admirer cet extraordinaire méandre taillé depuis des millénaires par les flots de l'Ardèche. Au sommet, poursuivre le chemin principal à l'ombre des chênes verts jusqu'à une petite route qu'il faut prendre sur sa gauche, puis 150 m plus loin, une autre aussi sur la gauche. Arrivé à un carrefour juste avant un réservoir d'eau, tourner à gauche jusqu'à une nouvelle intersection 150 m plus loin. Il faut prendre à gauche pour attaquer une piste en pente sévère sur une courte durée. *Possibilité d'un raccourci facile en poursuivant tout droit la piste au lieu de monter à gauche (voir la carte).* En haut de cette pente, passer à gauche du château d'eau. Poursuivre le chemin à vive allure, car plutôt descendant, à travers les cades, les chênes et les murets de pierre, jusqu'à une intersection avec, au km 13,5 environ, un panneau d'interdiction aux VTT et chevaux sur la gauche : prendre à droite ! Continuer avec un passage en bord des gorges de la Ligne, jusqu'à une intersection avec une autre piste : prendre alors à gauche. Là commence un extraordinaire sentier en corniche surplombant le non moins extraordinaire canyon de Gournier. Au km 17, au plus près du virage de la route, prendre à gauche et continuer toujours tout droit pour grimper par un petit « coup de cul » sur la crête dominant le village d'Uzer de l'autre coté. *Nouvelle possibilité d'un raccourci facile pour éviter l'ascension sur la crête : au changement de direction du km 17, prendre la route vers le nord pendant 1200 m.*

(3 : 310 m – 18,6 km) Poursuivre le sentier de crête pour redescendre à la Drayette où il faut prendre le chemin à droite jusqu'à la route. La traverser et poursuivre toujours tout droit à travers bois pendant 1,4 km. Le chemin débouche alors dans un virage à angle droit d'une petite route. Continuer tout droit sur cette route pendant 100 m jusqu'à un virage à gauche dans lequel il faut prendre encore tout droit une piste, direction le Vieil Audon. A son extrémité, c'est le départ d'une impressionnante descente sur l'Ardèche par une authentique calade médiévale. Les 2 premiers virages en lacets sont un peu sévères mais ensuite ce n'est que du bonheur. Traverser le vieux hameau du Vieil Audon, récemment sauvé d'une ruine certaine. Ensuite dérouler un sentier sablonneux le long de l'Ardèche jusqu'à la route avant le pont de Balazuc. Le traverser pour enfin retrouver le parking de départ. Attention toutefois à respecter, sur cette fin de tracé, nos amis randonneurs à pieds, nombreux sur cet incontournable itinéraire touristique, surtout les weekends ou jours de congés.

26 - RUOMS LAGORCE

V4-

Distance 29 km
Dénivelé 650 m
Horaire 3h30
Difficulté V4-

Tracé parfois exigeant, mais ô combien plaisant, à l'image de l'arrière pays ruomsois traversé. Le gour de la Sompe, dans son écrin de calcaire est le joyau de ce parcours, et méritera plus qu'un simple coup d'œil ; prévoyez y, par exemple, la pause pique-nique. Enfin une superbe descente pour revenir au niveau de l'Ardèche parachèvera l'ensemble.

ITINÉRAIRE (100 m) Départ du grand parking, dit de « la Petite Vitesse » en partant le long de la déviation en direction de la gendarmerie. Au rond-point après celle-ci, prendre la direction de Lagorce. 300 m plus loin, quitter la route pour un chemin bétonné descendant sur la droite et se transformant rapidement en piste montant sur un plateau. La suivre pendant 2,5 km toujours dans sa direction principale jusqu'à redescendre sur l'autre versant du plateau. Là, prendre la petite route sur la gauche et tourner encore à gauche de suite après un petit pont, en direction de la Loubière. Quitter cette route au bout de 350 m pour une piste sur la droite passant au dessus d'un étang et grimpant jusqu'au hameau des Terriers à 2 km de là. Une petite

Gour de la Sompe

pause peut-être envisagée à la fontaine du Roure, mignon étang caché sur la droite après le replat. A l'angle des Terriers, tirer tout droit sur le chemin montant le long d'une vigne et le poursuivre dans les bois. Une partie de la montée est sévère par son inclinaison et ses cailloux. Au sommet continuer sur la gauche pour faire toute la crête de 3 km. A son issue attention, la pente s'accentue pour une descente raide et pierreuse, jusqu'à un carrefour avec une petite route. Variante pour éviter toute cette partie belle mais difficile : à l'angle des Terriers prendre la route jusqu'au hameau des Riailles et là prendre la petite route à droite jusqu'au bas de la fameuse descente. Plonger alors à droite-droite dans un sentier balisé descendant plaisamment jusqu'à la route de Lagorce, la D1.

(1 : 170 m – 11,0 km) La traverser, passer devant le cimetière, et juste après prendre la piste tout droit avant le virage. En haut du « coup de cul », à gauche pour rattraper la route. La prendre à droite sur moins de 200 m et retourner à droite pour une piste entre les vignes. Après le pont submersible, il faut continuer à gauche, mais auparavant, possibilité de laisser le vélo pour un tour à pied, à droite, dans de magnifiques gours (s'il y a de l'eau évidemment...). Quitter la piste 100 m après le pont pour un petit chemin à gauche. Le suivre sans hésitation, le long de champs de lavande puis sous les bois. Attention juste au km 13,0, à une traversée de lit de ruisseau, bien prendre à gauche, ne pas remonter le ruisseau. Poursuivre jusqu'au hameau de la Chadenède où il faut prendre la petite route de Labeaume. Après le pont submersible au pied du hameau, faire un crochet à droite pour découvrir l'extraordinaire et renommé gour de la Sompe. Revenu à Labeaume, poursuivre par la piste descendante jusqu'à ce qu'elle devienne une petite route. La quitter vers le km 17,3 avant une maison sur la droite pour aller par un chemin à travers champs jusqu'à la Fontaine du Cade.

(2 : 300 m – 18,0 km) Une fois sur la route D1, la traverser en passant sous le réservoir d'eau pour rattraper de suite la piste grimpant au sommet. Attention, si le début de la montée est raisonnable, en revanche sa fin ne l'est plus vraiment... pour grosses cuisses uniquement ! Le sommet atteint, commence une très plaisante progression en crête sur un sentier en faux-plat descendant pendant 1,25 km. Ensuite, basculer à droite, direction Balazuc, pour le summum de ce tracé : une descente de rêve sur un sentier à découvert, avec une large vue, pendant plus de 2 km. En bas prendre à gauche pour passer sous le viaduc de l'ancienne voie ferrée et de suite encore à gauche pour passer aux pieds des piles afin de ressortir de l'autre coté sur le bord de la route. Rester sur l'accotement à gauche de la route pour remonter immédiatement sur la voie ferrée. La prendre à droite vers le sud et ne pas la lâcher pendant presque 6 km jusqu'à la cave coopérative à l'entrée nord de Ruoms. Traverser la route et prendre le petit sentier en face remontant sur la voie ferrée pour ses derniers 300 m. Ensuite le parking du départ est juste là, à 250 m.

Association intéressante : avec le tracé « Lagorce la Dent de Rez » ; le point 1 correspond au départ de ce dernier. Attention toutefois, la somme des 2 tracés devient un parcours, certes magnifique, mais long et éprouvant. A faire sur une journée.

27 - LAGORCE DENT DE REZ

Distance 33 km
Dénivelé 950 m
Horaire 3h30
Difficulté V4

V4

Lagorce, petit village alangui au soleil à flanc de vallon, est le point de départ de ce parcours sauvage : un seul village et un seul hameau seront traversés sur l'ensemble de la randonnée. Les lits de ruisseaux, avec ou sans eau, bordés d'une végétation impénétrable seront la seule voie d'accès pour une ascension jusqu'au plus haut sommet du plateau des Gorges de l'Ardèche.

ITINÉRAIRE (170 m) Départ du cimetière ombragé de Lagorce, après avoir fait le plein d'eau à son robinet, car elle sera rare par la suite. Contourner le cimetière par l'est et suivre la petite route jusqu'au départ du sentier botanique 500 m plus loin sur la gauche. S'engager sur celui-ci par sa partie large et plate à droite, pendant 500 m jusqu'à un sentier sur la droite. Ce sentier est alors le point de départ d'une partie étonnante dans le lit du Salastre vers l'aval jusqu'à sa confluence avec l'Ibie. Le passage dans le gour de l'Oule, en fonction du niveau de l'eau, restera un moment fort. Une fois au bord de l'Ibie, la remonter par une piste sur la gauche pendant un kilomètre. La traverser alors à gué pour rejoindre la route au niveau d'un pont sous lequel passe le ruisseau du Baravon. Ce ruisseau, aussi sauvage si ce n'est plus, que le précédent, est la suite de l'itinéraire : le remonter pendant 2,5 km jusqu'à une grande piste.

(1 : 250 m – 6,5 km) Prendre cette piste en gardant toujours la même direction. Deux kilomètres plus loin, à un carrefour de pistes, tourner à droite et grimper jusqu'au col de Baravon, km 10. 150 m plus loin prendre le chemin à droite pour rejoindre à nouveau une piste à poursuivre sur la gauche. Une fois sur la crête en terrain dégagé, suivre celle-ci jusqu'à s'en écarter avant d'arriver au chemin balisé sur la droite montant directement au sommet.

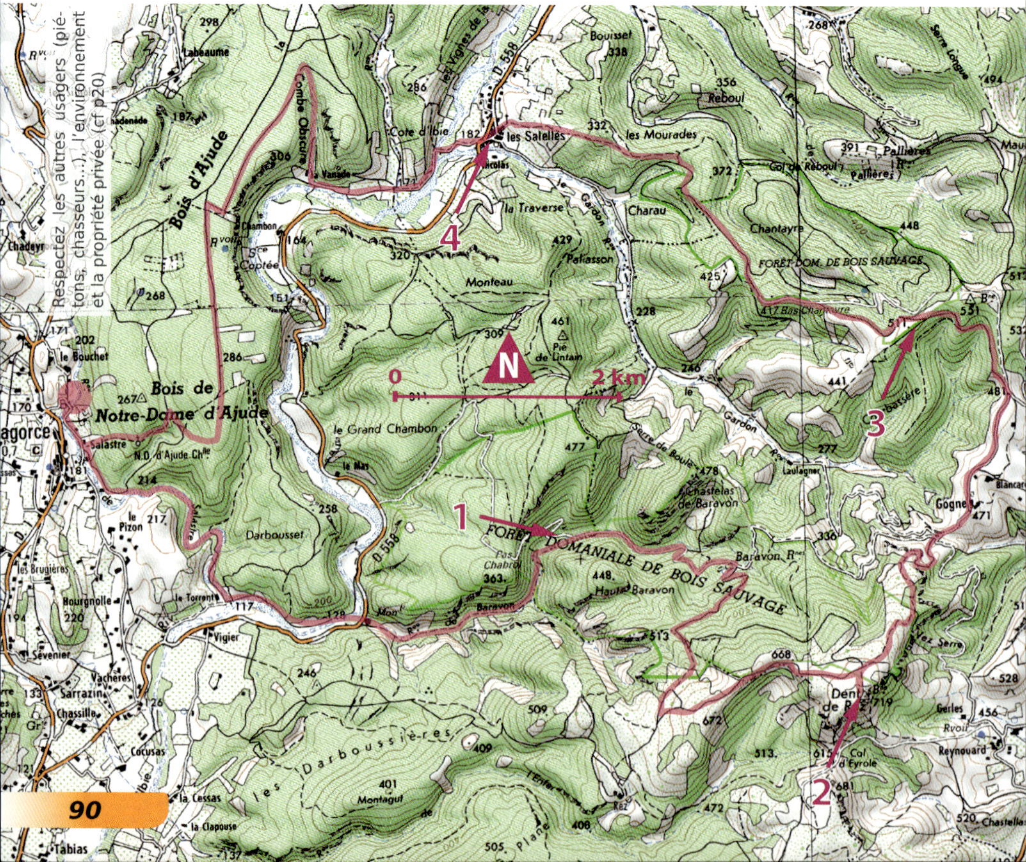

Associations intéressantes :
- avec le tracé « Ruoms Lagorce » : le point de départ correspond au point 1 de ce dernier. Attention toutefois, la somme des 2 tracés devient un parcours, certes magnifique, mais long et éprouvant. A faire sur une journée.
- avec le tracé « la Dent de Rez le Pont d'Arc » : une fois au au sommet de la Dent de Rez, redescendre sur le col d'Eyrole pour faire toute la descente jusqu'au Pont d'Arc. Mais cela devient un tracé en ligne et non plus une boucle, sachant toutefois qu'il n'est pas difficile de rejoindre Lagorce par la route via Vallon. Et surtout ne pas oublier que cette descente est cotée V5... !

(2 : 720 m – 13,0 km) Profiter du panorama à 360° : en face la Vallée du Rhône et le Ventoux, voire les Alpes, et derrière toutes les Cévennes. Pour redescendre commencer par emprunter le même chemin qu'à l'aller pour retrouver la piste plus bas, et prendre à droite en restant bien sur l'arête. Le sentier de la descente commence alors : plaisir assuré ! Si le début est plutôt roulant, la fin, elle, est plutôt cassante par ses nombreuses pierres désordonnées. En bas, au col sans nom, entre nord et sud, prendre la petite route de crête, traverser le hameau de Gogne et poursuivre tranquillement la montée jusqu'à un carrefour. Prendre alors à gauche le sentier restant isoniveau pour rejoindre une piste de crête au bout de 1,5 km.

(3 : 505 m – 18,3 km) : Prendre la piste en face qui descend jusqu'à rejoindre une plus grande piste 1,25 km plus loin. Continuer en descente sur celle-ci dans sa direction principale pendant 2 km. Là, dans une grande courbe à gauche il faut bifurquer sur un chemin qui monte sur la droite. A son sommet, suivre le chemin tournant à gauche et filer tout droit en descente sur le village des Salelles.

(4 : 180 m – 23,6 km) Traverser la route D558 pour aller chercher le pont submersible sur l'Ibie. Après le pont à gauche, puis 1,3 km plus loin, s'engager alors à droite dans la Combe Obscure, afin de monter sur le plateau. Pratiquement au sommet de ce sentier, 200 m après la dernière épingle, prendre la piste sur la gauche et ne plus la lâcher sur 1,5 km pour arriver à un carrefour. Prendre alors à droite, et 200 m plus loin à un grand carrefour, prendre la première à gauche. Garder cette piste sur 2 km en ligne droite plein sud jusqu'au point d'altitude 283 m sur la carte. Là, poursuivre tout droit en descente en prenant bien à droite 500 m plus loin pour continuer à descendre jusqu'à rejoindre le sommet du sentier botanique du départ, au niveau d'un ancien dépotoir. Le prendre à droite sur 500 m, puis à gauche à l'intersection pour le suivre, direction la chapelle Notre Dame d'Ajude. Une fois passé le passage dur de la chapelle, le sentier à son point bas retombe sur la route prise au départ. La prendre sur la droite pour retourner au cimetière de Lagorce.

La dent de Rez

28 - BERRIAS PAÏOLIVE CHASSEZAC

V4+

Distance 35 km
Dénivelé 600 m
Horaire 6h00
Difficulté V4+

Tracé exceptionnel à tous les titres. Un Must qui se mérite, notamment du fait du terrain très exigeant. A réserver aux vététistes confirmés, sinon à faire par tranches comme le descriptif le suggère. Le temps de parcours donné est approximatif, tellement les motifs d'arrêt sont nombreux pour visiter, admirer, rechercher, découvrir, se baigner, escalader, se reposer...

ITINÉRAIRE (130 m) Départ de la place de l'église de Berrias, par la rue de la Fontaine, à gauche derrière l'église, et balisée GR. Cheminer le long du ruisseau de Berre, sans se soucier du balisage, pendant 900 m environ, jusqu'à ce qu'il soit coupé par une piste en U. Prendre celle-ci à gauche pour atteindre un grand carrefour de pistes et de chemins. C'est le point 3 du tracé. *Variante 1 évidente : possibilité de court-circuiter la boucle du ravin du Granzon et du bois de Païolive, 15 km, en repartant de ce point dans le descriptif.* Prendre le chemin en face, sous des arbres, passer derrière une grande usine textile pendant 500 m, puis prendre le premier chemin à droite pour passer devant un gros dolmen. Continuer ce chemin jusqu'à déboucher sur une piste à prendre à droite, jusqu'à la route d'accès au hameau des Gélis. Prendre à droite pour traverser le hameau, et au carrefour suivant, près d'un dolmen effondré, tourner à gauche vers le hameau de la Lauze, en suivant le balisage jaune. Passer sous une voûte, et à la route, la D202, la traverser, puis à gauche. Arrivé sur une petite route, la prendre à droite et la garder pendant 600 m pour tourner à droite après un pont submersible afin de traverser le hameau des Garidels, et enfin atteindre la route D901. L'emprunter à droite sur 250 m pour prendre alors la piste à gauche au monument des Maquisards. Au premier carrefour de pistes poursuivre tout

droit. *Variante 2 : possibilité de court-circuiter la boucle du ravin du Granzon, 6 km, assez technique, en tournant à droite à ce carrefour pour arriver directement au point 2, distant de moins d'un kilomètre.* Avant d'atteindre la route de Banne, la D309, lever la tête pour voir les ruines imposantes du fort de Banne. Une fois sur la route, la prendre à droite jusqu'au carrefour avec la D251 en direction de Brahic.

(1 : 1220 m – 10,5 km) Juste après le pont, belle vue sur Banne. Poursuivre la route sur 1,3 km, pour prendre alors une piste à droite, balisée GR, avec une boîte aux lettres et une croix un peu cachée. La dérouler pendant un kilomètre, jusqu'à un gros mas à droite. A partir de là commence une descente raide toute en épingles et en pierres, pour atterrir dans le paradis sauvage du lit du Granzon. Lâcher alors le balisage GR rouge et blanc, pour un nouveau balisage jaune, à prendre à droite dans le sens de l'écoulement du ruisseau. Toute ce cheminement en fond de canyon est technique et haché par de brefs poussages ou portages, mais tellement incroyable ! Ne pas hésiter parfois à carrément rouler dans le ruisseau, suivant le niveau de l'eau. Au début du ruisseau, arrêt obligatoire pour aller voir la Fontaine du Vedel à 50 m de là ; très très bel endroit, eau fraiche à volonté l'été. Et en fin, quand le ravin se resserre le plus, ne pas manquer la résurgence de la Dragonnière de Banne, par un petit crochet à pied sur la rive droite du Granzon, plus haut dans la pente, puis celle de la Grille, sur le tracé. En vue du mas de Granzon, bien prendre la coupe à gauche pour ne pas descendre dans la propriété.

(2 : 195 m – 11,9 km) En haut, une fois rejoint la piste d'accès du mas, la prendre à gauche, puis le premier chemin à droite pour déboucher sur une petite route. La prendre à droite en descente, sur 350 m, pour alors tourner à gauche dans un chemin. Au bout de 50 m, dans une sorte de clairière, prendre un peu à gauche pour

entrer dans une combe herbeuse, et la remonter tranquillement en suivant la trace. A son extrémité, poursuivre la trace jusqu'à un petit chemin à prendre à droite, puis très vite à gauche, et enfin à nouveau à droite sur un bout de piste atterrissant sur la route des Vans, la D901. La prendre à gauche sur 200 m et dans un ancien virage coupé devenu parking, prendre à droite un chemin balisé VTT (vieux balisage...). Au bout de 200 m à gauche, puis à droite, jusqu'à un carrefour en T et en dalles de pierre. Prendre à droite et suivre le chemin. A gauche de ce chemin se situe le légendaire cœur du Bois de Païolive, truffé de sentiers pas très roulants, entre blocs de rochers, chênes et grottes, et où il est fréquent de se perdre. Attention, il faut prendre juste une fois à droite, le sigle VTT est sur une pierre au sol, pas très visible. Ensuite, descente et sortie du bois, sur une piste empierrée très roulante, jusqu'à un grand carrefour de pistes.

(3 : 145 m – 16,0 km) Attention à ne pas reprendre en sens inverse la piste du début. Il faut tourner à gauche et une fois dans le lit du ruisseau, le remonter sur 30 m et alors démarre à droite une nouvelle piste. La suivre sur un kilomètre pour retrouver une piste balisée GR à prendre sur la gauche. Suivre le balisage, traverser la route D252 et plonger en face dans le sentier, direction la Corniche, sur 500 m. Attention à bien tourner à gauche dans la descente. Une fois sur la corniche et après ces 500 m, plonger à nouveau à droite dans un sentier en épingles pour arriver directement « dans » la rivière. Pas d'autre choix que de traverser à gué, remonter sur le parking en face et prendre la route dans une épingle, sur sa gauche. Si la saison ou la météo font craindre un courant ou un niveau d'eau trop important, dans la descente du premier sentier ne pas tourner à gauche vers la corniche, continuer tout droit pour atteindre la route et le pont. Remonter la route pendant 800 m environ jusqu'à des départs de sentier de randonnée sur la droite. Prendre le 2ème et le balisage vert pour rester au plus près de la route pendant environ 800 m. Une fois la route rattrapée, au niveau d'un grand parking en sous-bois, l'emprunter à droite sur 850 m pour la lâcher dans un virage à gauche prononcé en filant tout droit sur une piste empierrée balisée jaune « sentiers des capitelles ». A partir de là ne plus se faire de souci : il n'y a qu'à suivre ce balisage très bien fait.

(4 : 240 m – 22,3 km) Tourner à droite en passant dans une chicane pour le bétail, non sans prendre le temps de visiter les capitelles environnantes. Poursuivre le balisage, d'abord dans la garrigue, puis dans les bois, en slalomant par des surprenantes clairières et entre d'imposantes sentinelles de calcaire. Enfin, attaquer une longue descente empierrée et rapide jusqu'à la route d'accès du hameau de Cholet. Prendre à droite puis à gauche une fois au bord du Chassezac. Traverser le hameau et poursuivre le balisage par une piste sur la gauche. Passer au-dessus des serres pour trouver le sentier grimpant dans la falaise. Le début est roulable, puis la pente et les marches taillées imposent un portage sur 200 m environ. Ensuite, c'est une extraordinaire corniche dominant la rivière. La garder le plus longtemps possible, jusqu'aux premières maisons neuves ...de Maisonneuve. Tout ce passage aérien n'est pas 100% roulable, mais le décor fabuleux vaut le coup, entre autres cet incroyable piton rocheux au drapeau. Descendre au centre du village par la route, et au premier carrefour à droite, puis la 2ème à gauche pour déboucher sur la grande route, la D104, à la sortie du village et juste avant le pont sur le Chassezac. Si besoin, dans Maisonneuve est un sympathique et apprécié marchand de cycles, grand vététiste qui plus est.

(5 : 1005 m – 40,5 km) Franchir le pont, pour s'enfiler dès le premier carrefour sur une piste balisée GR, courant sous la route à droite. La suivre dans sa direction principale sur 2,2 km, jusqu'à une petite route. Prendre celle-ci à droite, traverser le Granzon (encore lui...) et au carrefour suivant à la croix tourner à gauche, puis de suite à gauche de nouveau pour entrer dans le hameau de la Rouvière. Prendre la 1ère à droite après les maisons et monter jusqu'au bout de la rue. Là, continuer par le sentier dans l'axe. Au bout de 900 m, le chemin tangente un incroyable lit de rivière, espèce de grand canyon aplati. Le prendre à gauche et rouler carrément dedans, vers l'aval le plus loin possible. Paysage martien garanti. Sur la fin, prendre un petit sentier sur sa rive gauche, pour déboucher sur une petite route en face d'un camping. Prendre cette route à droite jusqu'à Berrias distant de 600 m seulement.

Lit du Granzon

MASSIF DU COIRON

Ce plateau volcanique de 800 m d'altitude environ, en forme de feuille de chêne, étale ses coulées de basalte de la dépression de Vesseaux et le Col de l'Escrinet à l'ouest, jusqu'à la vallée du Rhône à l'est. Il est nettement circonscrit au nord par les vallées de l'Ouvèze et de la Payre, et au sud par la vallée de l'Escoutay.

Comme la Montagne, le Coiron, de par son altitude, est une région d'élevage et de culture; comme la Cévenne, c'est une région d'éruptions volcaniques, mais ici les basaltes ont des reliefs tabulaires caractéristiques. Sa roche basaltique a donné la couleur noire à ses anciennes habitations. Le climat y est assez rigoureux.

Les vallées entre les avancées basaltiques n'étant pas cultivés, les chemins y sont rares et rendent peu importantes les possibilités de pur VTT.

29 - ST-JEAN-LE-CENTENIER MONTBRUN

V2-

Distance 8 km
Dénivelé 550 m
Horaire 2h30
Difficulté V2-

Mini tracé facile en aller-retour pour aller visiter les Balmes de Montbrun, sur les pentes basaltiques du Coiron. Les restes de cette ancienne cité troglodytique nichée dans le rocher, se visitent à pied le long d'un sentier, balisé par une série de panneaux.

ITINÉRAIRE

(320 m) Départ de la place de l'église de St-Jean-le-Centenier par un petit tour circulaire du village. Prendre la route D7 vers le nord en direction de Berzème et de St Giniès-en-Coiron. Au bout de 500 m, tirer tout droit pour un raccourci de 250 m d'un grand virage de la route. A la sortie du raccourci, à la route rattrapée, la traverser pour la petite route en face. La poursuivre sur 450 m pour la quitter pour une piste allant tout droit dans un virage à droite. Il ne reste plus qu'à monter, en faisant simplement attention à la 2ème épingle à gauche de bien prendre à gauche, c'est à dire de ne pas aller tout droit. Au km 3,8 c'est l'arrivée au sommet des Balmes de Montbrun. Il est tentant de descendre dans le site en vélo, mais très vite cela devient impossible. Laisser alors les vélos pour une petite randonnée pédestre, à flanc de montagne, afin de découvrir comment une cité a pu vivre et s'organiser dans un endroit aussi rude.

Le retour s'effectuera par le même itinéraire, les liaisons VTT entre vallées dans cette partie du massif du Coiron étant quasiment inexistantes.

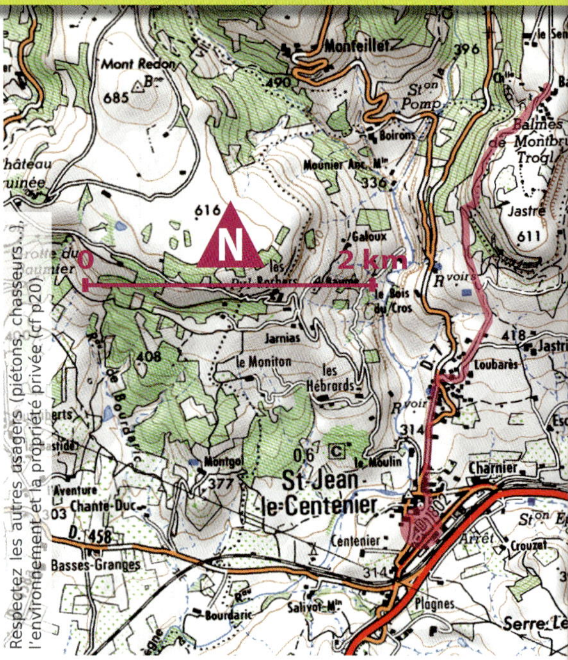

Respectez les autres usagers (piétons, chasseurs...), l'environnement et la propriété privée (cf p20)

30 - LUSSAS MIRABEL

V2

Distance 13 km
Dénivelé 350 m
Horaire 1h30
Difficulté V2

Petit circuit débutant de manière plane sur le plateau de Lussas, pour ensuite grimper sur un des premiers contreforts du Coiron, se glissant au passage dans un vallon aride et particulier. La tour de Mirabel sera le summum de ce tracé avec son rôle historique et son panorama, avant de se laisser descendre sur Lussas.

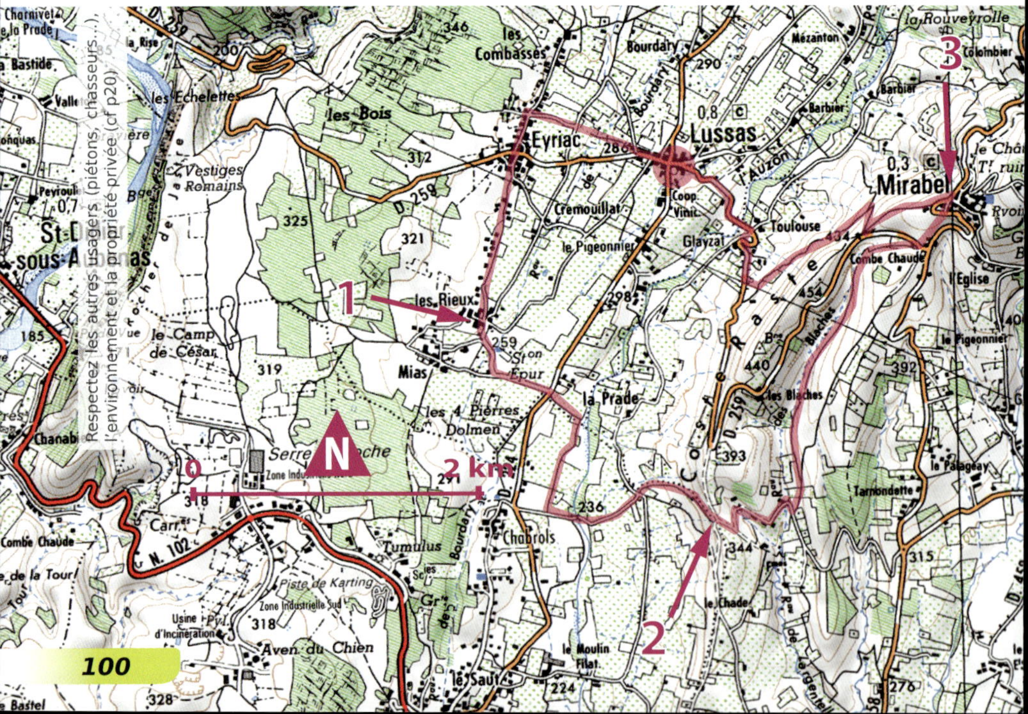

ITINÉRAIRE (285 m) Départ du grand parking derrière la mairie et le stade, et prendre à droite la route D259 sur 100 m seulement pour sortir du village. Faire un droite-gauche d'à peine 50 m pour trouver une piste à suivre sur 400 m. A la première intersection poursuivre tout droit sur la petite route et à la suivante prendre à gauche pour rallier le hameau d'Eyriac. Une fois au centre du hameau sur la route D259, la traverser par un bref gauche-droite pour continuer en face en direction du hameau des Rieux, par une piste quasiment droite et plein sud. Attention, aux nombreuses constructions en cours dans ce secteur au moment de la rédaction qui peuvent amener des changements.

Tour de Mirabel

(1 : 260 m – 2,3 km) Au centre du hameau, continuer en face par un gauche-droite et ensuite 2 fois à gauche pour atteindre 800 m plus loin la D224, après avoir traversé un ruisseau à proximité d'une station d'épuration. La traverser tout droit pour une piste à suivre sur presque un kilomètre jusqu'à rejoindre une petite route. La prendre sur la gauche sur 700 m en traversant sur un pont un ruisseau avec un petit barrage. Au carrefour prendre la piste en face pour se hisser sur la crête.

(2 : 260 m – 5,5 km) Prendre alors à gauche une autre piste contournant à droite une grande vigne et tourner 100 m plus loin à gauche. Contourner un étang et longer des bâtiments agricoles, pour ensuite prendre la première à gauche après un pont dans un virage à droite. A la patte d'oie qui suit, bifurquer sur la piste de gauche qui s'enfonce dans le vallon, ne pas continuer sur celle qui monte en crête à droite. Etrange vallon que celui-ci, avec ses faïsses et ses murets de pierre. Arrivé au sommet, au carrefour de la D259 et de la D258, monter au village de Mirabel par la draille tout droit qui coupe deux fois la route. Mais pour éviter cet effort, la route et ses lacets peut être une variante.

(3 : 330 m – 9,0 km) Ne pas hésiter à grimper encore un peu pour atteindre le pied de la tour et marquer une pause méritée afin d'y déguster la vue. Pour redescendre vers Lussas, prendre la route et juste avant la première courbe à gauche, filer tout droit sur une piste. La suivre jusqu'à presque rejoindre la route au niveau d'un transformateur. Prendre alors le lacet à droite pour continuer à descendre, et après le lacet suivant à gauche, poursuivre tout droit à flanc, ne pas prendre le lacet à droite. Au bout de 900 m environ, peu après un grand bâtiment en contrebas, prendre un chemin à droite pour retomber sur la route de Lussas plus bas. En cas de loupé de ce dernier chemin, ce n'est pas grave, la piste rejoint la route un peu plus loin. Dans tous les cas, prendre celle-ci à droite pour rallier Lussas.

Association intéressante : ce tracé peut être facilement connecté à celui « Vesseaux Lavilledieu » au niveau de son point 1 qui est à 300 m du point 3 de ce dernier.

31 - VESSEAUX LAVILLEDIEU

V2+

Distance 30 km
Dénivelé 700 m
Horaire 4h00
Difficulté V2+

Vesseaux est à la jonction de deux massifs bien différents : le Coiron à l'est et les pentes de l'Escrinet à l'ouest. Ce parcours fait le tour des deux en passant d'un coté à l'autre de la vallée. Son point d'orgue sera les ruines d'un oppidum gallo-romain dominant majestueusement tout le bassin d'Aubebas et sa boucle de l'Ardèche, avec pour horizon la Montagne Ardéchoise.

ITINÉRAIRE (110 m) Départ de la cave coopérative à la sortie nord du village de Vesseaux. Auparavant, pour les amateurs de BMX et autres montagnes russes en tout genre, et pour s'échauffer en rigolant bien, juste à droite derrière la cave s'offre un immense terrain de jeux dans des marnes... Descendre dans le village le long de la grande route sur 100 m environ pour prendre la première à gauche. Cela devient très vite un chemin empierré pour une longue et facile montée à la croix de l'Houme avec son beau panorama. Filer au sud sur la crête, puis descendre sur un chemin caillouteux avec quelques marches naturelles en laissant le pylône électrique à droite pour atteindre la route de Lussas, la D259.

(1 : 200 m – 6,5 km) *Variante : possibilité de court-circuiter les 13 km de la boucle suivante, en prenant à droite pour rejoindre immédiatement le point 3 du tracé, à 300 m seulement.* L'emprunter à gauche, puis dans la 3ème épingle, prendre à gauche une piste qui remonte la vallée de la Louyre. Au bout d'un kilomètre environ, quitter ce chemin pour un sentier à droite en balcon qui rattrape le plateau pour retrouver la D259. La traverser par un droite-gauche de 100 m traverse pour un chemin empierré pendant 1,2 km, puis à gauche jusqu'à Mias.

(2 : 270 m – 12,1 km) A la croix, tourner à droite dans la ruelle. Suivre l'indication « dolmen » que l'on

atteint en prenant le sentier de gauche au carrefour suivant. Ensuite progresser sur 800 m de monotrace serpentant dans les gras. Arrivé à un carrefour ne pas aller en face à Lavilledieu, mais tourner à droite en remontant sur un chemin. Le quitter au sentier suivant sur la droite, sentier technique avec marches, en montée et descente. Puis filer vers l'ouest en montant au bâtiment solaire, en faire le tour par le nord-ouest et arriver sur un chemin où il faut prendre à gauche pour de suite repartir à droite le long du stade. Arrivé sur un circuit de moto-cross, l'emprunter pour en sortir à l'ouest sur un chemin mal goudronné au début. Monter ainsi jusqu'à la crête sur un chemin jusqu'à déboucher sur le site d'un ancien camp gallo-romain, avec à la clé un splendide point de vue sur l'Ardèche et le pont jaune de St Didier en contrebas de la falaise. Se diriger alors à droite vers le nord, tout le long de la corniche. Quitter ensuite ce chemin en empruntant un sentier pédestre à gauche qui suit la falaise pour rejoindre un ancien oppidum romain, après avoir poussé le vélo dans les dernière marches. Profiter à nouveau de la vue sur le tout bassin d'Aubenas. Prendre ensuite un sentier qui continue à gauche au-dessus de la falaise. Celui-ci s'infléchit vers l'est en redescendant puis traverse une ruine de l'oppidum. De suite après prendre à gauche le sentier qui redescend en lacets. Attention à ne pas prendre trop de vitesse, car il y a de nombreuses marches et le vide peut impressionner. Arrivé à la rivière de Louyre, la franchir pour continuer en face. Sortir sur la D259 à l'entrée du camping que l'on a surplombé pendant la descente.

Association possible : ce tracé peut être facilement connecté à celui « Lussas Mirabel » au niveau de son point 3 qui est à 300 m du point 1 de ce dernier.

(3 : 200 m – 19,4 km) Prendre à gauche la D259 et tourner à droite 300 m plus loin au 2ème chemin. Ce chemin de terre serpente entre vignes et vergers pour atteindre un lotissement de St Privat en passant devant une biscuiterie. Sur le goudron prendre de suite à droite pour traverser le lotissement vers le nord-ouest et retrouver un chemin balisé remontant vers Vesseaux en longeant par la droite la route d'Aubenas à Privas, la D104.

(4 : 245 m – 22,4 km) Traverser la D104 et remonter en face par un chemin direction le Nogier qu'il ne faut pas atteindre. Au bout de 600 m, le quitter à gauche pour un chemin moins large, toujours en montée, afin de rejoindre la petite route du Chambon. La prendre à droite, jusqu'au hameau de la Théoule qu'il faut traverser à gauche. Poursuivre cette petite route goudronnée en traversant un autre hameau. Une épingle se présente, le goudron disparaît, et après l'arrivée d'un chemin qui monte de la droite, il faut prendre à gauche pour une piste en corniche avec un belle vue sur Aubenas et le Luol qui coule plus bas. A la 1ère bifurcation, se diriger à droite pour remonter sur le plateau et découvrir la ligne de crête de l'Escrinet avec le rocher de Gourdon. Au croisement suivant, prendre à droite un chemin blanc qui rejoint après une petite côte un autre chemin blanc à prendre à gauche pour cheminer sur la crête de Vesseaux. Laisser à droite un vieux moulin à vent pour passer à gauche du sommet du volcan de la Pupe. A la petite route prendre à droite au carrefour pour descendre sur Chamoux. Traverser le hameau sur le goudron, puis celui de la Bouisse. Ensuite tirer à gauche sur un sentier communal qui coupe la plupart des lacets de la route, en visant le village. En bas, juste après le petit pont traversant le ruisseau, prendre de suite à gauche un sentier pour rejoindre la cave coopérative.

32 - ALBA-LA-ROMAINE SCEAUTRES

V3

Distance 23 km
Dénivelé 670 m
Horaire 3h00
Difficulté V3

Alba-la-Romaine porte l'histoire de ses origines dans son nom, et la fin de ce tracé aura plaisir à vous le confirmer de visu. Le reste du parcours, entre les vignes de la plaine et les falaises noires de basalte du Coiron, apportera le complément géologique indispensable à la compréhension de la vie de cette région très particulière de l'Ardèche Méridionale.

ITINÉRAIRE

(210 m) Départ de la place de la Poste de Alba-la-Romaine, pour un petit tour imposé serpentant dans les ruelles du centre ancien. Une fois revenu sur la place, commencer par 50 m sur la D263 dans la direction de Valvignères, puis de suite à droite, jusqu'à la Vacheresse à 2 km. A la sortie du hameau prendre la piste descendante à droite pour atterrir carrément dans le lit de l'Escoutay. *Variante amusante : il est possible de court-circuiter la Vacheresse en allant tout droit dans le virage à gauche avant le hameau pour longer une vigne et descendre dans un petit canyon à traverser.* Il faut alors franchir la rivière à gué pour remonter par une piste sur la D107, juste après un grand rond-point, intersection de la D107 et de la N102. La prendre sur la droite sur 150 m puis à gauche à la sortie du Buis-d'Aps pour tomber cette fois sur la N102. La traverser et prendre en face tout droit pour une piste balisée montante à suivre vers le nord pendant 1,8 km jusqu'à rejoindre la D263. Sur cette partie, au niveau d'un château d'eau, noter la vue sur le neck de Sceautres en fond de vallée.

(1 : 280 m – 5,1 km) Traverser la D263 en direction de Fraysse. A la sortie du hameau prendre la piste à droite pendant 600 m pour monter, fort, sur le serre de la Fourche. Au carrefour avec une piste perpendiculaire, prendre à droite et continuer en sous-bois en suivant le balisage sur le flanc de ce qui a été un jour une im-

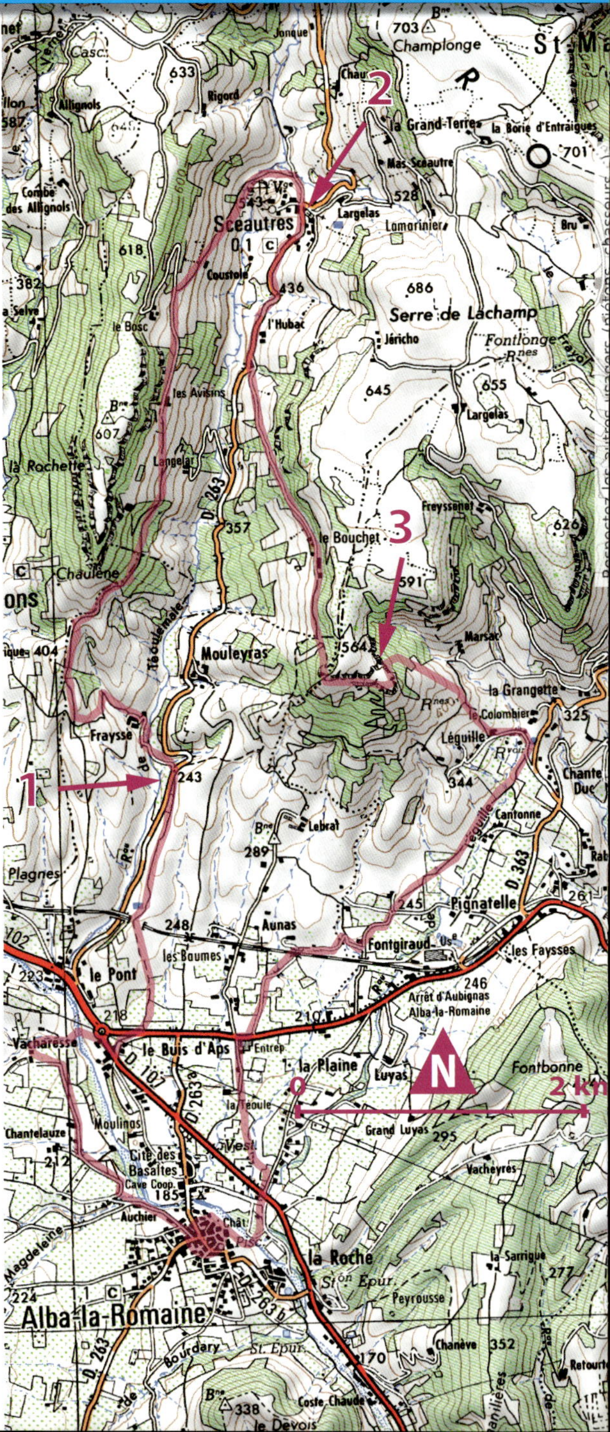

mense langue de lave. Sur ce cheminement surtout ne pas prendre le premier sentier à droite en direction de Sceautres. Aux Avisins, poursuivre sur la partie goudronnée sur 800 m, puis prendre à droite le sentier balisé pour descendre sur Sceautres, avec de très belles vue sur le neck. A la passerelle en bas, lever la tête pour découvrir une impressionnante coulée basaltique, puis contourner le neck par un demi-cercle à droite, ou autrement dit par le nord, jusqu'au village de Sceautres.

(2 : 460 m – 11,0 km) Ne pas hésiter à l'attrait du charme du village pour le visiter, voire grimper à pied jusqu'à la Vierge au sommet du neck. Au pied du village, au carrefour avec la D263, la prendre vers le sud pendant 150 m pour lui préférer ensuite la petite route à droite en contrebas. Au bout de 300 m, s'enfiler sur le sentier à gauche jusqu'à revenir sur la D263. La descendre sur 300 m et obliquer sur une petite route à gauche pour se hisser au Bouchet. Prendre à gauche avant la maison pour un poussage-portage sur les premières pierres volcaniques, passage vite effacé par le plaisir de cheminer ensuite sur une corniche isoniveau en forme de chemin de ronde au pied d'une falaise de basalte. Attention à ne pas prendre le premier sentier balisé à droite : il faut aller jusqu'au bout de cette corniche après la traversée d'une ancienne carrière et de ses installations ruinées.

(3 : 505 m – 15,3 km) Prendre, à pied pour le commun des vététistes, le sentier descendant fort à travers des vestiges de la carrière. Ensuite belle descente jusqu'au hameau de l'Aiguille. Prendre la petite route sur la gauche en suivant le balisage en direction d'Alba, pendant 350 m et tourner à droite sur une piste, juste avant une plus grande route. Au bout de 200 m environ, ne pas manquer le chemin à droite devenant très vite un sympathique sentier à continuer toujours tout droit en suivant le balisage, jusqu'à déboucher sur un chemin goudronné. Le prendre à gauche et au carrefour de suite là, prendre tout droit. Juste avant le pont sous la voie ferrée, tourner à droite, puis plus loin à gauche sur une piste pour la traverser sous le pont suivant à gauche. Poursuivre cette petite route jusqu'à la N102, en face de la cave Latour. La contourner par un droite-gauche de 100 m, puis 500 m plus loin, à une fourche de pistes, prendre celle de gauche pour découvrir les vestiges romains, et un peu plus loin à gauche en contrebas, le théâtre antique d'Alba, étrangement traversé par une rivière. Sortir du site par son entrée sur la D107. La traverser et se diriger vers le complexe sportif d'Alba. Passer à droite entre les tennis et la piscine pour franchir l'Escoutay sur une passerelle. Suivre le balisage sur sa rive droite, en passant au pied du château, pour remonter avant le grand pont dans les petites rues d'Alba.

Sceautres et son neck volcanique

PIÉMONT CÉVENOL

Au nord, région d'âpres pentes, au flanc des serres effilées issues du Haut Plateau, pays du micaschiste, ravagé par les torrents, domaine du châtaignier et de la lande où les villages s'étagent de 560 mètres à 1.000 mètres d'altitude. Le col de Meyrand, à 1.371 m, offre un large panorama sur des paysages grandioses composés de lumière et de parfums subtils dans une nature accueillante et généreuse.

Au sud, région de basses pentes inférieures à 700 et même à 500 mètres d'altitude ; les sols sont variés, le climat est chaud, les reliefs adoucis. C'est le pays du grès, de la vigne et de l'olivier.

Les Cévenols ont appris à bâtir sur les pentes d'étroits replats pour la culture en terrasse : les faïsses. Les vieux villages, et les routes sinueuses font partie de ce paysage féerique aux mille couleurs.

Le VTT y est aussi varié que plaisant.

MAXXIS
INTENSE

33 - BANNE LA GANIÈRE

V2

Distance 22 km
Dénivelé 530 m
Horaire 3h00
Difficulté V2

Le village de Banne, sous les ruines imposantes de son château, est la porte d'entrée d'un massif anciennement minier, bordé par une rivière bucolique, la Ganière. Ce circuit, empruntant majoritairement des pistes roulantes, vous entraine à la découverte facile de cette région isolée, à l'écart de tout axe de circulation.

ITINÉRAIRE (270 m) Départ de la grande place de Banne au pied du fort. Prendre la route principale en direction de l'église et tourner de suite à droite après les maisons pour une rue en montée. Bifurquer à gauche 150 m plus loin pour attaquer la montée qui se transforme vite en chemin dans les bois. Rester toujours dans le sens de la montée pour atteindre une partie goudronnée. La suivre pour, 700 m plus loin, arriver à un carrefour en forme de delta. *Variante 1 : juste avant ce carrefour, possibilité de couper tout le circuit en prenant à droite le chemin balisé sur 2 km pour arriver au hameau du Mazel, dernière étape avant la descente sur Banne.* Poursuivre à gauche très brièvement jusqu'au départ à droite d'une très large piste. La prendre et la descendre sans hésitation pendant 2,3 km pour tourner alors à droite sur une piste en lacets jusqu'à l'étroit et surprenant viaduc de Doulovy en contrebas.

(1 : 220 m – 5,8 km) Ce viaduc servait à l'exploitation des mines dont certaines entrées sont encore visibles dans les pentes de ce massif. Le traverser et remonter la piste principale en face pendant 600 m pour prendre à gauche dans un virage à droite la deuxième piste ; et non la première, car il y a deux départs de piste qui se suivent à 50 m d'intervalle. Filer dans le fond de cette combe autrefois minière, jusqu'à sa sortie, sur la route D430. Prendre celle-ci à droite pendant 400 m pour prendre une piste à gauche traversant la Ganière. Au premier carrefour dans un lacet à gauche, prendre celle à droite restant à flanc jusqu'à rejoindre la D310 au bout d'un kilomètre.

Association intéressante : avec le tracé « St-Paul-le-Jeune St Sébastien » ; à partir du lieu-dit Montgros après Banne, prendre la petite route à gauche pour rejoindre le point 5 de ce dernier, puis à partir de son point 4, revenir sur le circuit d'origine en descendant sur le hameau du Frigolet et en poursuivant la piste sur la droite pour arriver dans la descente juste avant le point 1.

(2 : 220 m – 9,7 km) Reprendre la piste longeant la route le long de la Ganière pour la rejoindre à nouveau 400 m plus loin. L'emprunter jusqu'au pont du Martinet. *Variante 2 : possibilité de court-circuiter la boucle de Gournier en traversant le pont et en prenant la route D310 à gauche directement jusqu'au point 4.* Rester sur cette rive en utilisant la piste tout droit, jusqu'au pont d'Abeau. Le traverser et poursuivre la grande piste en gardant sa direction principale pour remonter toute la combe du ruisseau de la Grainasse, finissant à son sommet à nouveau sur la D216. La prendre à droite, sur 500 m en descente jusqu'à Gournier, idyllique endroit.

(3 : 280 m – 15,1 km) Prendre le temps d'un arrêt sur le pont, et en été ne surtout pas résister à une baignade dans ces gours enchanteurs. Après le pont prendre de suite à droite pour un chemin plat et ombragé le long de la rivière. Au bout de 1,3 km, il rejoint une piste descendant de la gauche. La prendre vers la droite pour une partie plate qui ne va pas tarder à remonter. Dans le 2ème lacet à gauche, tirer tout droit pour rejoindre la route D310 juste au-dessus. La prendre sur la gauche pendant 1,3 km jusqu'au carrefour de la petite route du Mazel.

(4 : 315 m – 19,2 km) Prendre à droite. Au hameau pittoresque du Mazel, le contourner par la gauche, ou le nord, pour de l'autre coté être très vite dans le sentier de la descente finale sur Banne.

34 - LABLACHÈRE FAUGÈRES

V2

Distance 23 km
Dénivelé 500 m
Horaire 3h30
Difficulté V2

Tracé sur les premières pentes vallonnées des monts d'Ardèche, ce tour rafraichissant serpente par monts et par vaux en sous bois ou le long des ruisseaux. Au village de Faugères et son imposante église fortifiée, point culminant du parcours, la vue à l'infini jusqu'à la Vallée du Rhône et les contreforts des Alpes inspire une grande sérénité.

ITINÉRAIRE (240 m) Départ du parking de la cave coopérative de Lablachère en partant sur la D4 vers le nord pendant 400 m, puis tourner à gauche pour juste 250 m afin de s'engager sur le chemin à droite, direction Bauzon. Au bout de 650 m, à un carrefour de pistes en haut d'un petite montée, prendre celle plane à gauche dans les vignes. Après avoir longé l'étang suivre la trace naturelle du chemin. Passer un petit ru et remonter jusqu'à une piste perpendiculaire. La prendre à droite juste sur 100 m, puis tirer à gauche à travers les vignes vers un petit mazet pour atteindre une grande piste perpendiculaire à prendre vers la droite en montée. Au bout de 900 m, pour varier les plaisirs, un crochet par un chemin parallèle plus technique et ludique que la piste est possible sur la droite pendant 900 m dans les bois. Une fois revenu sur la piste, poursuivre vers Cédat, en montant.

(1 : 425 m – 5,5 km) Au bout du replat, au carrefour de pistes juste avant une montée, prendre à gauche pour attaquer une descente jusqu'au bas du vallon. Prendre alors la piste vers la droite en passant devant les ruines de l'abbaye de Chabroulière. A l'embranchement juste après l'abbaye, rester sur la piste de gauche, passer le ruisseau et ensuite, avant une maison, prendre à droite pour remonter jusqu'au hameau

Ruines de l'abbaye de Chabroulière

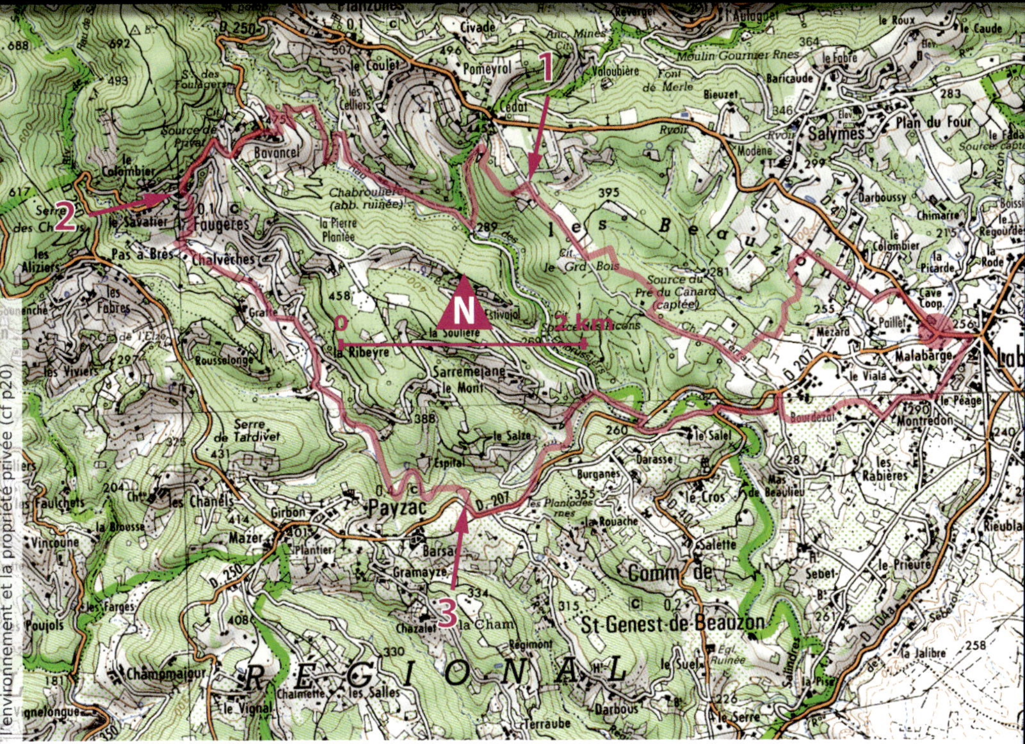

de Bavancel perché juste au-dessus. Le traverser vers le haut par ses petites ruelles pour rejoindre la route principale D250. La prendre sur la gauche jusqu'au village de Faugères.

(2 : 470 m – 11,6 km) Avant l'église, prendre la rue à gauche qui contourne le village par l'ouest et le sud. Au bout de moins de 200 m prendre à droite en descente puis poursuivre la piste jusqu'en bas de la pente. Arrivé sur une piste la prendre à gauche pour traverser le pont. Rester sur la rive droite du ruisseau, et revenir à nouveau sur la gauche au pont suivant. A la route, la prendre et la garder à droite pendant 600 m : là, après un pont prendre une piste à gauche à travers champs pour rejoindre le lit de la rivière Salindres. Après plusieurs traversées, à sec l'été, et une fois sur une piste la prendre en montée sur la droite jusqu'à la route D207 de Lablachère à Payzac.

(3 : 330 m – 16,8 km) Prendre à gauche et n'y rester que 700 m pour trouver à gauche un petit sentier descendant en contrebas de la route. De suite retraverser une deuxième route et poursuivre le chemin en descente, petit poussage après la passerelle, et à droite à la maison en haut de la butte. A la route prendre à droite, retour sur la D207 à prendre à droite sur 100 m puis à gauche pour 600 m sur une petite route pour une nouvelle route sur 600 m à nouveau toujours vers l'est jusqu'au grand carrefour de Beauzonnet. Prendre la petite route à droite vers Sebet, direction sud, pour la quitter rapidement pour la piste à gauche direction Bourdezat. A la croix après le hameau, à gauche, puis viser à vue l'église de Lablachère. La cave coopérative du départ est sur la gauche vers le bas.

35 - LARGENTIERE COL DE LA CROIX DE MILLET

V2

Distance 34 km
Dénivelé 880 m
Horaire 4h00
Difficulté V2

Largentière, puissante ville médiévale aux mines d'argent, domine et verrouille la vallée de la Ligne, rivière sauvage prenant sa source au col de la Croix de Millet. Ce circuit fait un tour complet et assez facile de cette vallée, sous les châtaigneraies, par d'agréables pistes en crête ou à flanc, ainsi que de sympathiques sentiers.

ITINÉRAIRE (220 m) Départ de la place de l'église de Largentière pour sortir du bourg par la porte Nord, sans auparavant avoir fait un tour libre dans le dédale des rues médiévales. Prendre la route vers la gauche et monter direction Chassiers. Au sommet de la montée prendre à gauche toujours direction Chassiers. Au centre du village, prendre la route à gauche direction Rocher, puis de suite à droite puis à gauche une petite route balisée qui au bout de 500 m se transforme en chemin. Arrivé à la chapelle St Joseph, ou tout au moins ce qu'il en reste, prendre la route sur la droite pendant 600 m, pour bifurquer sur une piste à gauche, juste avant un lacet à droite de la route. La garder jusqu'à sa fin sur une petite route transversale, à prendre à gauche sur 100 m pour tomber sur une plus grande route.

(1 : 450 m – 7,1 km) La prendre sur 250 m à droite puis prendre à gauche direction le hameau de Joux. Monter jusqu'au réservoir d'eau sans entrer dans le hameau, souffler un peu car c'est raide, puis continuer tout droit sur la piste direction Ouest-Nord-Ouest. Ne plus la lâcher jusqu'à la chapelle Sainte Philomène, soit pendant 6 km environ. La pente est régulière et facile. A la chapelle, poursuivre par la piste de droite qui est la continuation de la précédente. Au bout de 1,7 km, après un replat et un lacet à gauche, à une fourche prendre à droite pour atteindre le sommet de la randonnée, avec le point de vue qui l'accompagne. Possibilité de court-circuiter cette grimpette, en prenant à gauche, les deux pistes se rejoignant un kilomètre plus loin. Il ne reste plus alors qu'à se laisser descendre en roue libre jusqu'au col de la Croix de Millet.

(2 : 770 m – 17,3 km) Vers le sud, la vallée de la Ligne et Largentière, vers le nord la vallée du Lignon et Jaujac. Traverser la route pour emprunter la piste du bas, à flanc de montagne pendant exactement 4,6 km jusqu'à une patte d'oie où il faut alors poursuivre sur la gauche pour continuer à descendre sur le même versant. Un kilomètre

Escaliers dans Largentière

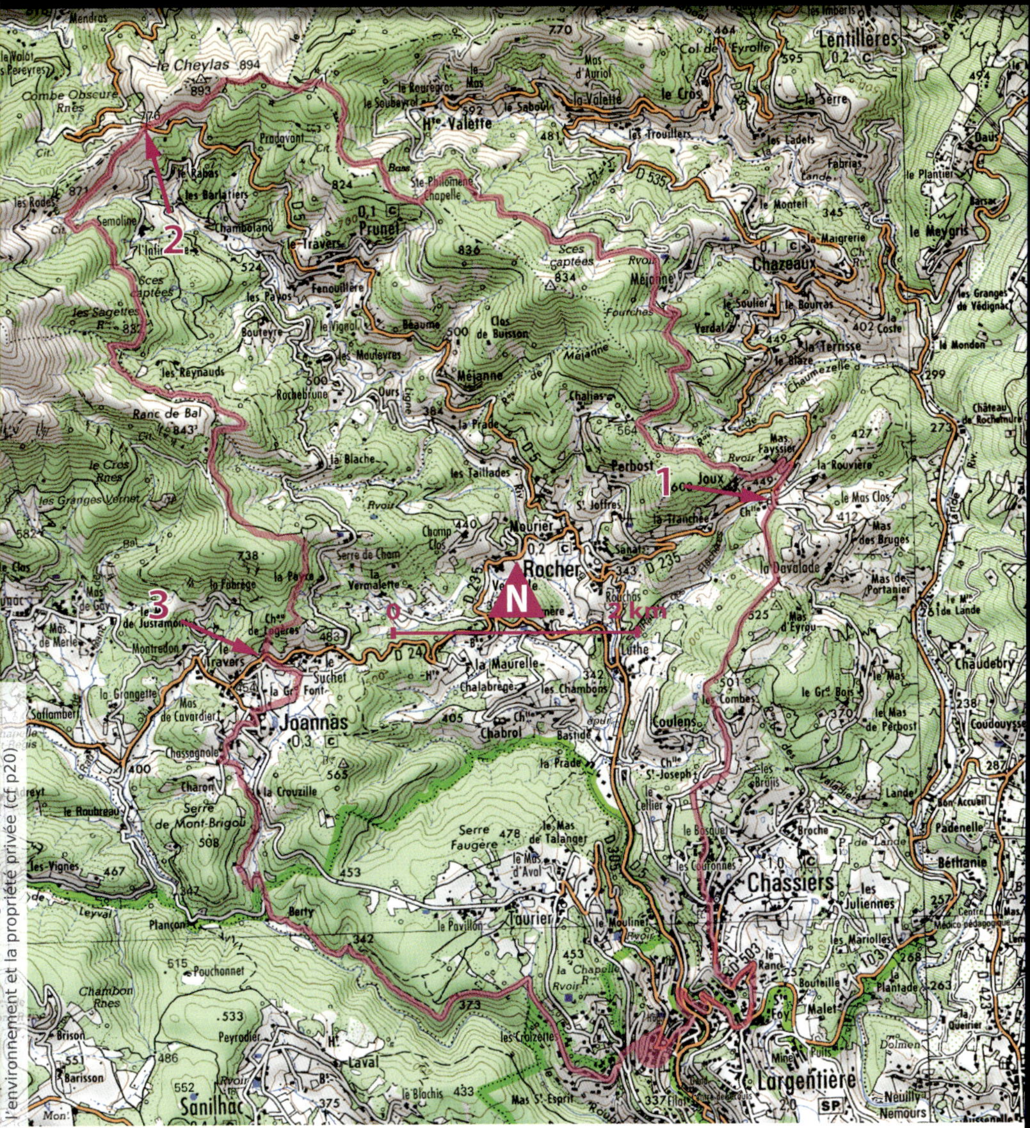

plus loin, dans un virage à gauche de la piste, prendre à droite un chemin descendant plein sud. Le poursuivre jusqu'à une grande vigne, et 350 m après laisser la piste, qui est alors juste au-dessus du château de Logères, pour une petite descente en lacets sur la gauche, passant contre le château et rejoignant ensuite la route D24

(3 : 470 m – 25,0 km) La traverser et prendre la petite route vers l'est sur 300 m environ, puis la quitter alors pour une piste à gauche emmenant directement au village de Joannas. Après un tour du château, prendre la route pour aller au hameau de Chassagnoles, et non celle de Tauriers. Continuer jusqu'à la sortie de Chassagnoles, pour trouver un carrefour avec une croix et trois pistes à droites et une à gauche. Prendre cette dernière en descente. A son pied, ne pas prendre le pont à gauche, bien rester sur la rive droite du ruisseau et poursuivre pendant 1,7 km, globalement descendant, jusqu'à une grande piste dans le vallon du Roubreau. La prendre à gauche et poursuivre à flanc pendant environ 2,5 km jusqu'à la fin de la piste. Continuer sur le goudron jusqu'à Largentière en contrebas. Pour plus de plaisir sur la fin, tous les derniers lacets peuvent être coupés par un sentier.

36 - BANNE MALBOSC

V2+

Distance 30 km
Dénivelé 890 m
Horaire 4h00
Difficulté V2+

Aux frontières du Gard et de la Lozère, ce parcours est l'extension naturelle du tracé « Banne la Ganière » pour aller titiller les contreforts des Cévennes de l'autre coté de la vallée de la Ganière. A la fois point culminant et extrémité ouest du tracé, la crête de la Fermigère offre une puissante vue panoramique sur la haute vallée de la Cèze et la retenue d'eau de Sénéchas.

ITINÉRAIRE (270 m) Départ de la grande place de Banne au pied du fort. Prendre la route principale en direction de l'église et tourner de suite à droite après les maisons pour une rue en montée. Bifurquer à gauche 150 m plus loin pour attaquer la montée qui se transforme vite en chemin dans les bois. Rester toujours dans le sens de la montée pour atteindre une partie goudronnée. La suivre pour, 700 m plus loin, arriver à un carrefour en forme de delta. Poursuivre à gauche très brièvement jusqu'au départ à droite d'une très large piste. La prendre et la descendre sans hésitation pendant 2,3 km pour tourner alors à droite sur une piste en lacets jusqu'à l'étroit et surprenant viaduc de Doulovy en contrebas.

Viaduc de Doudovy

(1 : 220 m – 5,8 km) Ce viaduc servait à l'exploitation des mines dont certaines entrées sont encore visibles dans les pentes de tout ce massif. Le traverser et remonter la piste principale en face pendant 600 m pour prendre à gauche dans un virage à droite la deuxième piste. Et non la première car il y a deux départs de piste qui se suivent à 50 m d'intervalle. Filer dans le fond de cette combe autrefois minière, jusqu'à sa sortie, sur la route D430. Prendre celle-ci à droite pendant 400 m pour prendre une piste à gauche traversant la Ganière. Au premier carrefour dans un lacet à gauche, continuer la piste sur la gauche. La poursuivre pendant 4,4 km jusqu'au col de la Matte. Attention, sous le hameau de la Cabane, privilégier la solution de droite qui sera plus douce, et idem au petit col suivant où il faut prendre la large piste sur la droite et la garder jusqu'en bas.

(2 : 310 m – 13,0 km) Au col de la Matte, traverser la route D184, et prendre en face la piste de gauche. Au bout de 400 m continuer à gauche pour une partie plus raide, mais de 400 m seulement, jusqu'à la route D314. Il est possible d'éviter ce raidillon en prenant la piste de droite pour grimper sur la crête, mais elle rallonge nettement sans grand intérêt. Une fois sur la route, la prendre à droite, puis au carrefour avec

la D51 prendre cette dernière à droite sur 300 m pour, juste après les maisons du Gourret, attraper le chemin grimpant sur la droite et le conserver sur toute la crête jusqu'à la D216 au lieu dit la Fermigère et ses belles maisons à l'abandon. Prendre à droite la route sur 150 m, puis plonger à droite dans la petite route en mauvais état. Attention à prendre la première piste à gauche dans le 3ème lacet à droite. Garder cette large piste dans sa direction principale pendant 3 km, jusqu'à proximité d'une ancienne mine d'or (voir carte).

(3 : 300 m – 19,8 km) Dans un virage à droite, débusquer à gauche un sentier descendant droit dans la pente pendant 300 m jusqu'à une piste à plat. La prendre sur la droite pour finir au pont d'Abeau. En cas de loupé du sentier, pas de souci, la continuation de la piste aboutit aussi au pont d'Abeau. Le traverser et poursuivre la grande piste en gardant sa direction principale pour remonter toute la combe du ruisseau de la Grainasse, finissant à son sommet à nouveau sur la D216. La prendre à droite sur 500 m en descente jusqu'à Gournier, idyllique endroit.

(4 : 280 m – 23,1 km) Prendre le temps d'un arrêt sur le pont, et en été ne surtout pas résister à une baignade dans ces gours enchanteurs. Après le pont prendre de suite à droite pour un chemin plat et ombragé le long de la rivière. Au bout de 1,3 km, il rejoint une piste descendant de la gauche. La prendre vers la droite pour une partie plate qui ne va pas tarder à remonter. Dans le 2ème lacet à gauche, tirer tout droit pour rejoindre la route D310 juste au-dessus. La prendre sur la gauche pendant 1,3 km jusqu'au carrefour de la petite route du Mazel, à prendre à droite. Au hameau pittoresque du Mazel, le contourner par la gauche, ou le nord, pour de l'autre coté être très vite dans le sentier de la descente finale sur Banne.

Kp1

FOX
FOX

37 - ROSIÈRES LA TOUR DE BRISON

V3-

Distance 25 km
Dénivelé 780 m
Horaire 3h30
Difficulté V3-

Grès, sable, vignes, pins et châtaigniers au programme d'un tracé varié dont le sommet, la Tour de Brison, laisse un grand souvenir de plénitude par sa vue généreuse à 360° sur toute l'Ardèche Méridionale et la Montagne Ardéchoise.

ITINÉRAIRE

(220 m) Départ du cimetière de Balbiac, hameau de Rosières, en prenant la route sur sa droite en s'éloignant donc du hameau. Au carrefour aller tout droit pour traverser le ruisseau en contrebas et remonter en face. Passage pas facile mais bref. Au carrefour encore tout droit, la petite route fait un grand lacet à droite que vous pouvez couper en prenant le premier chemin à droite. Prendre l'entrée du camping et après le goudron continuer le chemin qui descend jusqu'à atteindre le ruisseau du Blajoux. Il faut alors remonter le ruisseau, en le longeant et le traversant plusieurs fois, jusqu'au km 3,2, où après un dernier gué, le laisser et monter sur la droite au niveau d'un petit champ. A la petite route prendre la piste à gauche, puis à droite et encore à gauche jusqu'à une autre petite route. La prendre sur sa gauche pendant 300 m pour la quitter pour un chemin sur la droite au niveau d'un transformateur. 300 m plus loin, s'enfiler sur le sentier à gauche et le garder pendant 1,2 km dans les pins jusqu'à un grand carrefour de cinq routes.

(1 : 380 m – 6,6 km) De l'autre coté du carrefour, à la croix, emprunter le sentier qui longe et surplombe la route qui monte et le poursuivre pendant 1,3 km jusqu'au carrefour avec une petite route et une croix. Descendre par un sentier de suite à gauche, sans traverser la route, jusqu'à une autre route, elle à traverser, pour poursuivre le sentier sur 200 m. A la piste, prendre à droite pour arriver au hameau du Marinier. Au carrefour avec la source dans sa capitelle, prendre derrière cette dernière une piste herbeuse. A la patte d'oie avec un petit pont dans un virage à gauche, prendre la piste du dessus et poursuivre sur un peu moins d'un kilomètre. A ce carrefour prendre à droite vers le hameau de Mouraret. Juste avant la première maison prendre à gauche le chemin balisé et ne plus le quitter jusqu'à l'arrivée sur la route D303 à droite du hameau de Cubagnac.

(2 : 540 m – 11,4 km) Une petite pause pour respirer à pleins poumons le panorama sur la Vallée du Rhône, le Ventoux et les Alpes, avant d'attaquer la dernière phase de l'ascension jusqu'à la Tour de Brison. *Variante pour éviter cette grimpée : prendre la route sur la gauche sur 350 m et tout droit pendant 200 m dans le premier virage à gauche, pour récupérer le tracé de l'itinéraire au point 4.* Traverser la route 30 m à gauche pour attaquer un début de montée par un chemin mal entretenu, puis redescendre un peu pour arriver au hameau de Brison. Là, prendre la route jusqu'à la tour, car les sentiers y menant sont trop ardus pour les VTT.

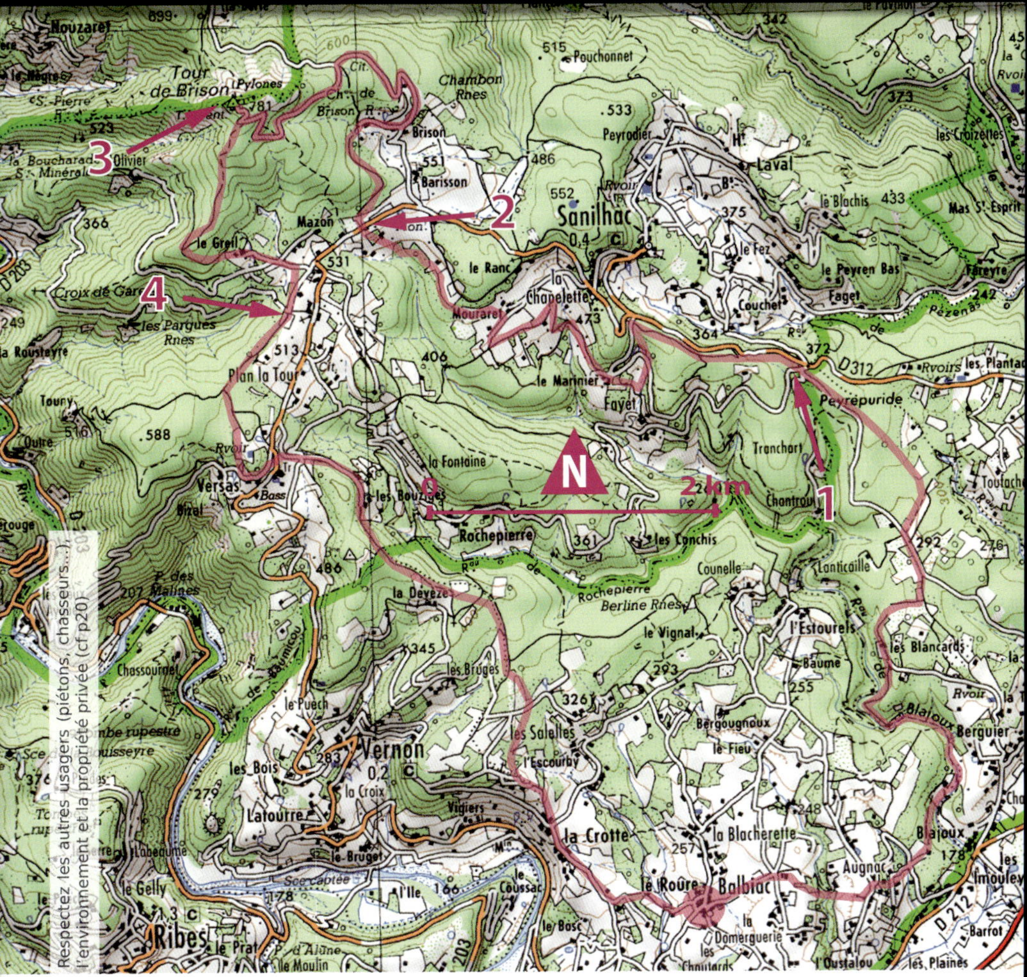

(3 : 780 m – 15,5 km) Récompense de la montée : une vue à 360° à l'infini ! Deux tables d'orientation, une pour chaque versant, détaillent chaque point remarquable de ce magnifique panorama. La tour est aujourd'hui une vigie très importante pour la détection des incendies de toute la région. Et c'est maintenant la descente jusqu'à l'arrivée ! Reprendre la route jusqu'au premier lacet à gauche dans lequel juste à sa sortie il faut s'enfiler dans un sentier à gauche balisé et là, c'est parti dans les bois pour un régal de descente rapide assez facile. Juste avant la fin de la crête possibilité de faire un petit crochet sur la droite pour corser le plaisir (voir le tracé sur la carte). En arrivant sur le goudron continuer à suivre le balisage, en tirant sur la gauche.

(4 : 540 m – 18,0 km) Une pause dans la descente, pour une partie plane dégagée au nom juste : Plan la Tour. Poursuivre le balisage en direction de Versas. Un peu avant le hameau de Versas quitter le balisage pour un chemin à droite afin de traverser le hameau et de passer au-dessus du château. Après le château, petit raccourci jusqu'à la route en contrebas, puis à droite sur 100 m et filer tout droit dans le virage à gauche de la route direction les Bouziges. Poursuivre la piste et au-dessus de la Devèze l'abandonner pour continuer tout droit, toujours sur le balisage. Au km 22,4, faire un gauche-droite pour prendre le sentier descendant, et à la route un droite-gauche pour continuer jusqu'à la route de l'Escourby. Prendre à gauche pour rejoindre la route de la Crotte, la conserver pour traverser tout le hameau, et au carrefour de la Croix de Bonneton, prendre à gauche. Continuer tout droit pour descendre au ruisseau et remonter sur Balbiac. Et en passant au centre du hameau, avant de rejoindre le parking du cimetière, un petit arrêt rafraichissant chez Grangeon...

38 - ST MÉLANY DOMPNAC

V3

Distance 15 km
Dénivelé 650 m
Horaire 2h00
Difficulté V3

Les fonds de vallées des pentes des Cévennes, difficilement accessibles, sont des lieux particuliers et pittoresques. Aujourd'hui les hameaux ne sont plus que des lieux de villégiatures estivales, mais les parcourir à VTT permet d'imaginer les conditions de vie de nos anciens du temps de leur vie active.

ITINÉRAIRE (465 m) Départ de l'église de St Mélany, en redescendant de 100 m environ pour prendre à droite la piste montante. Ne plus la quitter pendant 5,7 km. Attention au bout de 2 km, au niveau d'une citerne d'eau, ne pas basculer sur l'autre versant, prendre à gauche sur la crête. Le plus pentu de l'ascension est sur les trois premiers kilomètres, ensuite c'est plus roulant.

(1 : 680 m – 5,7 km) Au carrefour juste après la chapelle St Régis, qui vaut le coup d'œil, prendre la route à gauche et de suite plonger dans le sentier à gauche en-dessous. C'est alors parti pour 2,3 km d'une descente aussi grisante qu'enchanteresse ! Attention toutefois dans certains virages à droite, en cas de tout droit la hauteur de chute est impressionnante...

l'environnement et la propriété privée (cf p20)

(2 : 500 m – 8,1 km) Arrivé à Dompnac, prendre la route, et 400 m après le pont sur la Sueille, prendre le sentier des Lauzes qui grimpe à droite dans les bois. Après 800 m, au sommet de la montée, traverser une petite route et poursuivre le sentier en descente en suivant bien le balisage, notamment pour traverser le hameau de Merle et la route.

(3 : 400 m – 11,0 km) En bas, traverser la Sueille à gué. En cas de fort courant il y a normalement une corde pour se tenir. Continuer sur la rive gauche de la rivière vers l'aval, puis à flanc jusqu'au hameau de la Coste, avant de retomber sur la route d'accès à St Mélany. La prendre sur la gauche en montant, l'église n'est qu'à 700 m.

Vallée de la Drobie

39 - LAURAC SANILHAC

V3

Distance 26 km
Dénivelé 840 m
Horaire 3h30
Difficulté V3

Du petit village de Laurac-en-Vivarais, dans la plaine, ce tour va vous hisser sans vous en apercevoir, de manière très agréable, la plupart du temps en sous-bois de pins, jusqu'au-dessus d'un autre petit village pittoresque, Sanilhac. Après la contemplation des paysages du haut de ce site, une longe et belle descente en sentier vous emportera au fond de la vallée de Ligne.

ITINÉRAIRE (200 m) Départ du parking des tennis par la route vers l'ouest et au premier carrefour prendre le chemin à gauche puis de suite à droite jusqu'à retrouver la petite route. La suivre pendant 300 m jusqu'au hameau du Blajoux. Prendre le chemin à droite qui passe entre et sous les maisons pour rejoindre le ruisseau du même nom. Il faut alors remonter le ruisseau, en le longeant et le traversant plusieurs fois, jusqu'au km 3,2, où après un dernier gué, le laisser et monter sur la droite au niveau d'un petit champ. A la petite route prendre la piste à gauche, puis à droite et encore à gauche, jusqu'à une autre petite route. La prendre sur sa gauche pendant 300 m pour la quitter pour un chemin sur la droite au niveau d'un transformateur. 300 m plus loin, s'enfiler sur le sentier à gauche et le garder pendant 1,2 km dans les pins jusqu'à un grand carrefour de cinq routes.

(1 : 380 m – 6,6 km) *Variante : possibilité de couper le circuit en deux en prenant la route à droite en descente, puis de suite la grande piste à gauche parallèle à la route, pour rejoindre directement le cimetière du point 4.* De l'autre coté du carrefour, à la croix, emprunter le sentier qui longe et surplombe la route qui monte, et le poursuivre pendant 1,3 km jusqu'au carrefour avec une petite route et une croix. *Autre variante pour éviter la dernière ascension : rejoindre à droite la route de suite là, prendre la direction de Sanilhac et continuer de manière isoniveau pour atteindre par la route le point 3.* Descendre par un sentier de suite à gauche, sans traverser la route, jusqu'à

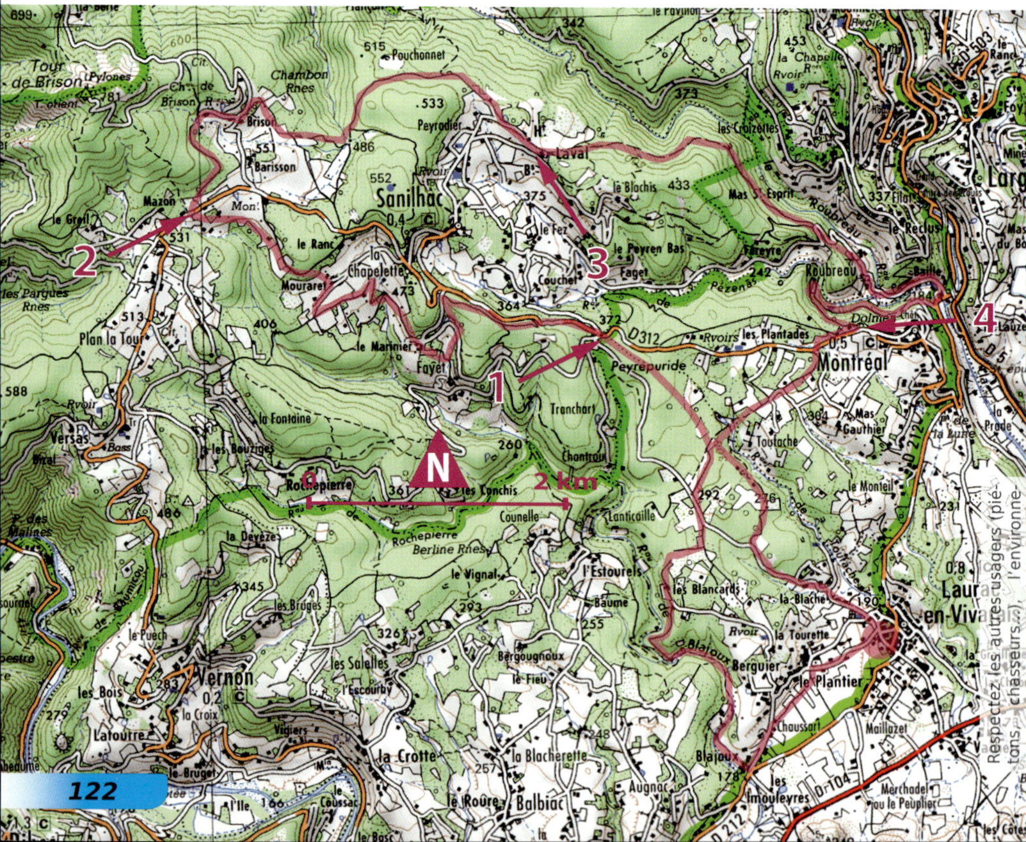

une autre route, elle à traverser, pour poursuivre le sentier sur 200 m. A la piste, prendre à droite pour arriver au hameau du Marinier. Au carrefour avec la source dans sa capitelle, prendre derrière cette dernière une piste herbeuse. A la patte d'oie avec un petit pont dans un virage à gauche, prendre la piste du dessus et poursuivre sur un peu moins d'un kilomètre. A ce carrefour prendre à droite vers le hameau de Mouraret. Juste avant la première maison prendre à gauche le chemin balisé et ne plus le quitter jusqu'à l'arrivée sur la route D303 à droite du hameau de Cubagnac.

(2 : 540 m – 11,9 km) Une petite pause pour respirer à pleins poumons le panorama sur la Vallée du Rhône, le Ventoux et les Alpes. Traverser la route 30 m à gauche pour attaquer un début de montée par un chemin mal entretenu, puis redescendre un peu pour arriver au hameau de Brison. A la sortie du hameau, sur la route qui monte à la tour, prendre le sentier balisé descendant à droite. Ce passage n'étant pas en bon état, il peut facilement être évité en prenant le chemin suivant qui rejoint rapidement le tracé balisé. Un kilomètre plus loin, après une petite remontée, le chemin tombe sur une piste balisée à prendre sur la gauche. Attention juste 100 m plus loin, faire un court crochet à gauche pour aller visiter les rochers du ruisseau de Pissevieille. De retour sur la piste la poursuivre à gauche sur sa direction principale, pour une partie plutôt plane dans les bois. A la sortie des bois, continuer tout droit sur le goudron en visant la « Châtaigneraie » grande et ancienne bâtisse perchée, aujourd'hui devenue hôtel.

(3 : 480 m – 15,6 km) Vous êtes alors au sommet d'une superbe et longue descente en sentier balisé, tout le long du flanc de la vallée du Roubreau, à déguster sans modération. Arrivé à la route, soit la remonter un peu pour reprendre le premier sentier à gauche pour la rejoindre plus bas, soit carrément la prendre vers le bas. A sa jonction avec la route dans la vallée de la Ligne, la prendre à droite sur 100 m pour emprunter la première route à droite. Monter jusqu'au premier lacet à gauche, dans lequel il faut tirer tout droit sur une piste qui vous emmènera de manière douce et ombragée jusqu'au village de Montréal juste au-dessus de vous.

(4 : 460 m – 21,6 km) Une fois au sommet, sur la route D312 de Montréal, la prendre sur la droite en passant devant le cimetière, pendant 500 m . Là, tourner à gauche et de suite à droite sur une piste à suivre tout droit, avec un court passage sur une route goudronnée, jusqu'à une descente technique avant un ruisseau, passage qui peut être évité par un détour par la gauche. Remonter après le ruisseau jusqu'à un carrefour de pistes où il faut prendre à gauche et de suite, 100 m après, une nouvelle fois à gauche. Poursuivre jusqu'à une route, à continuer vers le bas et le sud-ouest jusqu'à Laurac.

40 - LOUBARESSE LES VANS

V3

Distance 51 km
D+/D- 750/1800
Horaire 7h00
Difficulté V3

Avec son profil globalement descendant, cet itinéraire contrasté dans tous les sens du termes, vous transportera de la Montagne Ardéchoise à plus de 1200 m d'altitude, vers la vallée du Chassezac à moins de 200 m. Associé au parcours « le Gerbier de Jonc Loubaresse », il deviendra la seconde journée d'un époustouflant cheminement du nord au sud !

ITINÉRAIRE

(1215 m) Départ du centre du village vers le bas, puis à la croix à gauche et ensuite à droite pour traverser la route D24 et prendre sous les habitations. Longer en contrebas la route D239 puis la franchir pour la longer par dessus à flanc, pour la rejoindre au pont de Bournet. La suivre sur 150 m avant d'attaquer sur la gauche le GR qui monte assez raidement. Au replat prendre la 2ème piste à droite pour rejoindre la route à la croix de la Femme Morte par une piste en crête avec une vue superbe. Continuer par la piste balisée vers le sud, plutôt descendante pour retrouver une route au bout de 2,1 km environ. La prendre sur la gauche pour la quitter sur la droite après 150 m, pour une piste annoncée comme accès à un étang de pêche. Au bout de 150 m le GR 4 part sur la gauche, ne pas le prendre, continuer toujours tout droit entre landes et champs, en crête jusqu'à la route juste au-dessus du hameau de Teste Rouge. Belle vue vers l'ouest. A cette route, faire un droite-gauche pour la traverser et reprendre une piste, toujours en crête jusqu'à Montselgues, en prenant à gauche une fois sur la route avant le village.

(1 : 1030 m – 14,5 km) A sa sortie par la petite route vers Teste Rouge prendre de suite à droite le chemin

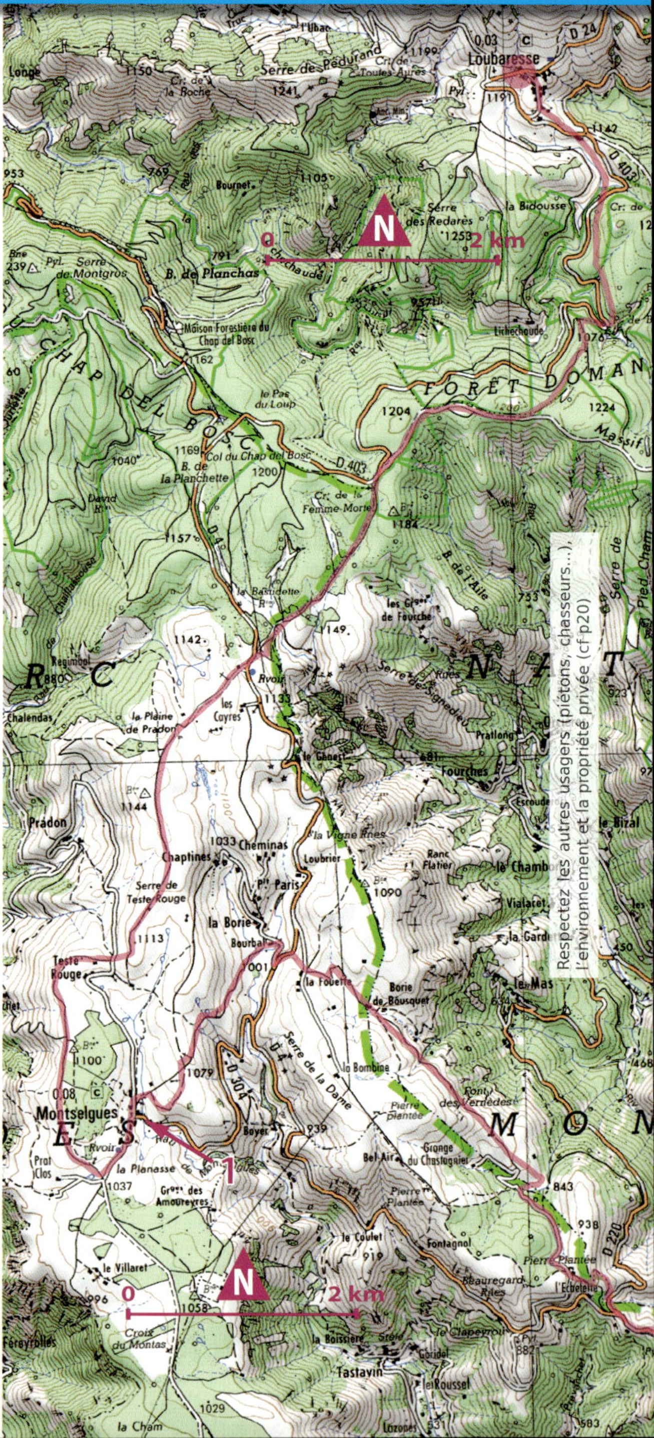

MONTS
D'ARDE
Roc Quilié
802
Rocher du Catalan
Saut de la Dame
Rouge
Charus
843
938
560
D 220
Roc du Rastella
Belvédère de Sahières
Pylônes
931
Fontanillo
935
826
617
Pierre Plantée
L'Echelette
Beauregard
Ranc de l'Ase
885
809
879
Rabet
904
903
818
768
D 4
la Croix de Fer
Peyre
2
838
798
703
761
Prévenchal
D 207
619
647
Dépoudent
le Vilaret
Ranc Blanc
Le Moulin Térondel
Ranc de Rode
St Jean de Pourcharesse
Thines
Pont de Gournier
811
803
D 10
688
692
la Blacherette
Térus
Mas d'Altaux
Vigne Merle
742
781
le Puech
le Soulié
Lahondès
le Chambon
Belle Rouvière
la Croix de Comie
la Lichère
Buzigues
468
les Alrassels
Termes
le Colombier
Serre Ventouse
371
734
le Travers
D 350
617
Serre des Chalous
le Savatier
Fougères
683
Rosillos
les Alziers
Pas à Brès
Chalvèche
Mas de Clède
Commune de
Fabras
Maurines
Sce sulfureuse
Ranc de Laye
la Rouvière
654
St Pierre St Jean
3
Hugon
Commune de
Linchères
384
les Viviers
Rousselong
Sce sulfureuse
Ranc Lancié
Serret

DEPOUDENT
PEYRE 3km
1,3km TERUS

montant à travers champs jusqu'au sommet à 1079 m, puis poursuivre sur l'autre versant jusqu'à la Borie. Prendre la route sur la droite pour remonter sur la grande route 200 m plus loin. La prendre à gauche sur 150 m puis un chemin à droite qui grimpe sec à la Fouette (possibilité d'évier ce raidillon en allant chercher la route d'accès à la Fouette 300 m plus loin). Conturner la maison pour poursuivre sur le chemin balisé à droite, direction la Borie de Bousquet. Attention à ce niveau à ne pas prendre le sentier descendant sous la maison, mais bien le chemin au-dessus courant à flanc. Arrivé dans un lacet d'une petite route poursuivre tout droit dans la pente jusqu'au ruisseau. Le traverser et le remonter sur sa rive droite jusqu'à la route à nouveau. La prendre à gauche pendant un kilomètre jusqu'à la Pierre Plantée, où il faut prendre la piste balisée à gauche qui redescend sur la grand route des crêtes juste avant le carrefour pour Sablières. Prendre la route et juste 200 pm après ce carrefour prendre le chemin à droite sous la route, une ancienne voie romaine, pour arriver à l'auberge de Peyre.

(2 : 865 m – 24,4 km) Prendre la route à droite, direction les Vans, pour, au bout de 600 m et juste après le croisement de la route pour St-Jean-de-Pourcharesse, prendre un sentier à gauche descendant jusqu'au hameau de Dépoudent. Le traverser par une ruelle étroite et poursuivre le sentier dans la même direction vers St Jean. Une fois sur la route D207, la prendre à droite pendant 800 m. Là, dans St Jean de Pourcharesse prendre la rue à droite passant devant l'église, puis de suite le chemin à gauche sous l'église pour descendre sur la route D350 en contrebas. La traverser et poursuivre ce chemin en pente raide jusqu'au ruisseau. Après le pont continuer à flanc sur 800 m jusqu'à un bout goudronné aux hameaux de Termes et du Serre. Ne pas remonter jusqu'à la route D207, conserver le balisage pour trouver un sentier à droite dans la pente, à suivre sur 2 km avec quelques passages

difficiles jusqu'à tomber sur une petite route avec une vierge. La prendre à gauche pour remonter jusqu'en haut sur la D207 au carrefour avec la route de Faugères, le Pas à Brès.

(3 : 450 m – 35,7 km) Prendre à droite la route de Payzac sur 300 m, non sans avoir admiré la très belle église de grès rose. Prendre à gauche la piste vers Gratte et, de suite de suite à gauche, plonger dans un sentier balisé et technique pour atterrir à un ancien moulin. Prendre la rive gauche du ruisseau pendant 800 m, puis au premier pont passer sur la rive droite, et revenir à nouveau sur la gauche au pont suivant. A la route prendre et la garder à droite pendant 600 m : là, après un pont prendre une piste à gauche à travers champs pour rejoindre le lit de la rivière Salindres. Après plusieurs traversées, à sec l'été, et une fois sur une piste, la prendre en montée sur la droite jusqu'à la route D207 de Lablachère à Payzac. Prendre à gauche et n'y rester que 200 m pour trouver à droite un chemin vers le hameau de Barsac. Dans ce hameau prendre la ruelle de gauche pour continuer par des chemins encaissés entre deux murs de pierre jusqu'à retoucher la route de Payzac.

(4 : 350 m – 42,2 km) Ne pas la prendre, continuer sur un chemin à gauche, puis au bout de 300 m avant des maisons, bifurquer à droite, et poursuivre en descente, ruisseau, puis remontée jusqu'à une petite route. La traverser et 300 m plus loin à la piste, prendre à gauche jusqu'au hameau des Salles. Le traverser tout droit afin de continuer en s'enfilant dans une ancienne calade en ligne droite et descendre jusqu'à une petite route à prendre sur la gauche. La poursuivre elle aussi tout droit pendant un peu plus de 2 km, jusqu'à l'entrée du hameau du Bosc. A la placette jeu de boules à gauche, prendre à gauche et 150 m plus loin, au niveau des premières maisons, tourner à droite pour entrer dans le hameau des Boudoux, passer sous une voûte et prendre le sentier balisé descendant vers la Molette. Très beau sentier herbu à son début, puis caladé. A une grosse maison, poursuivre le sentier de l'autre coté de sa route d'accès, et descendre jusqu'en bas, au château de la Molette. Rejoindre la route des Vans, la prendre à droite et traverser le Chassezac. Au niveau du supermarché prendre la petite route à sa gauche pour rallier par derrière le centre des Vans en évitant la grande route.

41 - LOUBARESSE DOMPNAC

V3+

Distance 12 km
Dénivelé 250/900
Horaire 1h00
Difficulté V3+

Itinéraire de descente de la source de la Baume à plus de 1100 m, jusqu'à un des villages les plus reculés du Sud Ardèche, au fin fond de la vallée de la Drobie. Il est composé de deux tronçons bien distincts : le premier est une balade sur large piste, tout en crête, et qui donne accès à la vraie descente, le deuxième tronçon, se compose d'un sentier sur presque 5 km !

ITINÉRAIRE (1125 m) Départ du parking du carrefour sous Loubaresse, à l'arrivée de la route montant de Valgorge et de celle arrivant de St-Laurent-les-Bains. Prendre la piste vers l'est montant jusqu'à la croix de Triousse distante de 1 km. La plus grosse ascension vient d'être faite. Au carrefour de pistes, choisir celle la plus à gauche, balisée, afin de suivre la crête. Au bout de 3 km, à un petit col au pied du

Alternative : Pour mieux se situer, et éventuellement faire quelques associations intéressantes, la première partie avant le point 1, est un morceau à l'envers du circuit « les crêtes du Tanargue », et la deuxième partie de la vraie descente, c'est à dire après la chapelle St Régis, est un morceau du circuit « St Mélany Dompnac ».

sommet des Moles, poursuivre à droite la même piste pendant 2,9 km.

(1 : 1000 m – 6,9 km) Arrivé à un carrefour avec un sentier montant à gauche et un sentier descendant à droite, plonger dans ce dernier, direction Dompnac. C'est parti pour 4,5 km de plaisir pur ! A mi-pente, à un grand carrefour de pistes et de routes, après un arrêt ou un coup d'œil pour y admirer la chapelle St Régis, prendre la route sur la droite et de replonger immédiatement à gauche dans la poursuite du sentier balisé. Attention dans certains virages à droite, en cas de tout droit la hauteur de chute est impressionnante...

42 - MONTSELGUES LA FEMME MORTE

V3+

Distance 25 km
Dénivelé 550 m
Horaire 3h30
Difficulté V3+

Un immense bol d'air pur et une brassée de panorama infini, rien de mieux pour s'enivrer sur les serres de Montselgues. Sur l'ancienne voie romaine de la corniche du Vivarais Cévenol, vous roulerez sur les traces de César qui y serait passé dans sa lutte contre les Gaulois. De plus, dessiné en forme de triple huit, ce parcours donne un très large choix de variantes.

ITINÉRAIRE (1025 m) Départ de la place de l'église de Montselgues, par la route d'accès principal du village, la D304. Au carrefour avec la D4 prendre à gauche pendant 750 m pour s'enfiler à droite juste avant un pont, sur un chemin qui grimpe fort jusqu'au hameau de la Fouette. Possibilité de continuer la route puis à droite pour éviter cet effort.

(1 : 1040 m – 3,5 km) *Variante 1 pour éviter la boucle du point 2 ; pour cela, reprendre le descriptif au point 3. La distance totale ne fera alors plus que 17 km environ.* A la Fouette prendre à droite direction la Bombine sur le GR de l'ancienne voie romaine. Après la Bombine poursuivre en descente pendant 3 km jusqu'au carrefour de la Pierre Plantée sur la petite route de la ferme du Chastagnier.

(2 : 915 m – 7,6 km) La prendre à gauche et la quitter à la deuxième épingle après le pont, celle à gauche, pour la piste à droite. La remonter sur 2 km pour déboucher juste au-dessus de la Borie du Bousquet. Prendre à gauche pour revenir à la Fouette, le point 1 d'origine, qui devient logiquement le point 3.

(3 : 1040 m – 11,7 km) *Variante 2 : après avoir fait la boucle du point 2, possibilité de filer directement sur le point 7 à 500 m de là en redescendant sur la D4 et en remontant en face tout droit sur la Borie. La distance totale ne fera alors plus que 14 km environ.* Prendre maintenant le chemin à droite avant la route. Attention à la première grimpée difficile mais courte. Une fois sur la corniche suivre le balisage. A la route presque rejointe, continuer tout droit. A la route rattrapée, reprendre le chemin 50 m plus loin à droite devant une maison, et pour poursuivre. Tout ce cheminement se fait de manière tantôt facile, tantôt moins, suivant le désordre des blocs de granit. Le dernier passage de 500 m en sentier avant le point 4 est superbe.

(4 : 1125 m – 15,0 km) *Variante 3 pour éviter la boucle de la Femme Morte : pour cela, rallier directement le point 6 en prenant à gauche sur 150 m. La distance totale ne fera alors plus que 20 km environ, si tout le parcours précédent a été respecté.* Prendre la piste sur la droite vers les bois, pas celle qui descend, pendant 1,8 km jusqu'au col de la Femme Morte. Avant la route, tourner sur la piste à gauche la longeant sur 900 m.

(5 : 1195 m – 17,7 km) C'est le point extrême nord du tour. Tourner à gauche. Attention il y avait une piste à gauche juste 100 m avant celle-ci. Ne pas se tromper, il faut

bien prendre le second chemin, celui qui revient un peu en arrière, pour ensuite une descente facile, en traversant la coupe de la ligne Haute Tension. A la route D4, la prendre à gauche sur 500 m.

(6 : 1130 m – 19,8 km) Continuer la route sur 100 m et filer tout droit dans la courbe à gauche de la route, pour 100 m plus loin tourner à gauche sur le chemin balisé GR et le suivre en pente douce. Celle-ci s'accentue sérieusement en fin de crête pour traverser un hameau typique, au nom particulièrement bien trouvé, le Petit Paris, puis poursuivre le balisage, tout droit dans le virage et dans la pente jusqu'au hameau suivant, la Borie.

(7 : 1000 m – 22,4 km) A la sortie de celui-ci, bifurquer sur un chemin de suite à droite, et après le passage du ruisseau commence une grimpée de 1,3 km jusqu'à la crête au-dessus de Montselgues. A la croix au sommet, tirer un peu à gauche pour se laisser descendre vers l'arrivée.

43 - LABLACHÈRE COL DE LA CROIX DE FER

V4-

Distance 33 km
Dénivelé 870 m
Horaire 4h30
Difficulté V4-

Version allongée et plus sportive du circuit « Lablachère Faugères », pour ceux qui aiment les ascensions pour l'effort et sa récompense au sommet. Juste avant le col de la Croix de Fer, première étape sur la route des crêtes de la Montagne Ardéchoise, vous aurez le plaisir et la satisfaction par beau temps d'admirer un horizon ciselé par les sommets des Alpes.

ITINÉRAIRE (240 m) Départ du parking de la cave coopérative de Lablachère en partant sur la D4 vers le nord pendant 400 m, puis tourner à gauche pour juste 250 m afin de s'engager sur le chemin à droite, direction Bauzon. Au bout de 650 m, à un carrefour de pistes en haut d'un petite montée, prendre celle plane à gauche dans les vignes. Après avoir longé l'étang suivre la trace naturelle du chemin. Passer un petit ru et remonter jusqu'à une piste perpendiculaire. La prendre à droite juste sur 100 m, puis tirer à gauche à travers les vignes vers un petit mazet pour atteindre une grande piste perpendiculaire à prendre vers la droite en montée. Au bout de 900 m, pour varier les plaisirs, un crochet par un chemin plus technique et ludique que la piste est possible sur la droite pendant 900 m dans les bois. Une fois revenu sur la piste, poursuivre vers Cédat, en montant. Au bout du replat, au carrefour de pistes juste avant une remontée, prendre à gauche pour attaquer une descente jusqu'au bas du vallon. A partir de là commencent 8 km de montées variées mais continues

Respectez les autres usagers (piétons, chasseurs...), l'environnement et la propriété privée (cf p20)

pour atteindre le col de la Croix de Fer. Prendre alors la piste blanche vers la droite en passant devant les ruines de l'abbaye de Chabroulière. A l'embranchement juste après l'abbaye, rester sur la piste de gauche, passer le ruisseau et ensuite, avant une maison, prendre à droite pour remonter jusqu'au hameau de Bavancel. Le traverser par ses petites ruelles pour rejoindre la route principale.

(1 : 480 m – 10,5 km) Un petit droite-gauche pour la traverser et prendre le chemin allant droit dans la pente direction le Puech. Arrivé aux pistes au-dessus du hameau, prendre la principale vers le haut et ne plus la quitter pendant 2 km jusqu'au Plat de la Forêt. *Variante : à ce carrefour, possibilité d'abréger la montée si nécessaire, en prenant la piste à gauche, restant pratiquement isoniveau pour rejoindre la descente en son milieu. Cela n'enlève que 1,4 km, mais surtout 170 m de dénivelé.* Poursuivre par la piste montante plein nord jusqu'à la route. La prendre à gauche sur 100 m puis s'enfiler sur le sentier la longeant par la droite. Au bout de 500 m, traverser la route de St-André-Lachamp pour continuer sur une piste arrivant très vite dans un champ. Longer ce champ par la gauche le long du bois jusqu'à son sommet. Là, prendre le temps d'une pause pour se retourner et admirer le panorama grandiose. Poursuivre le chemin qui va vite redescendre sur le col de la Croix de Fer.

(2 : 820 m – 15,8 km) Traverser la route et attaquer la piste de la descente pour 5 km non-stop ! : ne pas se poser de questions aux carrefours, toujours tout droit vers le sud et vers le bas.

(3 : 450 m – 20,9 km) Arrivé à Brès, continuer par la route de Payzac sur 300 m, non sans avoir admiré la très belle église de grès rose. Prendre à gauche la piste vers Gratte et, de suite de suite à gauche, plonger dans un sentier balisé et technique pour atterrir à un ancien moulin. Prendre la rive gauche du ruisseau pendant 800 m, puis au premier pont passer sur la rive droite, et revenir à nouveau sur la gauche au pont suivant. A la route, la prendre et la garder à droite pendant 600 m : là, après un pont prendre une piste à gauche à travers champs pour rejoindre le lit de la rivière Salindres. Après plusieurs traversées, à sec l'été, et une fois sur une piste la prendre en montée sur la droite jusqu'à la route D207 de Lablachère à Payzac.

(4 : 330 m – 26,5 km) Prendre à gauche et n'y rester que 700 m pour trouver à gauche un petit sentier descendant en contrebas de la route. De suite retraverser une deuxième route et poursuivre le chemin en descente, petit poussage après la passerelle, et à droite à la maison en haut de la butte. A la route prendre à droite, retour sur la D207 à prendre à droite sur 100 m puis à gauche pour 600 m sur une petite route pour une nouvelle route sur 600 m à nouveau toujours vers l'est jusqu'au grand carrefour de Beauzonnet. Prendre la petite route à droite vers Sebet direction sud pour la quitter rapidement pour la piste à gauche direction Bourdezat. A la croix après le hameau, à gauche, puis viser à vue l'église de Lablachère. La cave coopérative du départ est sur la gauche vers le bas.

V4

Distance 23 km
Dénivelé 790 m
Horaire 3h00
Difficulté V4

La légende dit que le nom de St-Pierre-le-Déchausselat viendrait du fait que la statue de St Pierre dans l'église n'aurait qu'une seule chaussure. Ce tracé, en commençant par grimper sur les hauteurs, vous offre ensuite, jusqu'au Chassezac en fond de vallée, une des plus belles descentes de la région... à consommer sans modération !

ITINÉRAIRE

Descente sur Malarce

(430 m) Départ du parking à coté de la mairie, au pied du chemin menant à l'église. Prendre la petite route vers le nord qui grimpe sur Combe Longue et qui se transforme au bout de 600 m en piste sur la gauche. Poursuivre jusqu'au sommet puis en crête jusqu'à rejoindre la route D10 au km 4,3. La prendre sur la droite pendant 1,4 km jusqu'à un carrefour avec des pistes.

(1 : 750 m – 5,7 km) A ce point, il faut emprunter brièvement, moins de 400 m, celle de gauche pour attraper le GR4, à suivre alors à gauche plein sud. Ne plus le lâcher : tout d'abord une partie en crête sur piste jusqu'au km 8,9, puis la descente de rêve, ni trop technique, ni trop facile... A la route, la traverser pour poursuivre le GR, en préférant l'option du sentier de gauche.

(2 : 385 m – 11,0 km) A nouveau sur la route en contrebas, abandonner le GR pour suivre la route en descente pendant 900 m jusqu'au carrefour du hameau du Puech. Là, prendre la piste à gauche-gauche vers l'est jusqu'aux Trouillasses pour une nouvelle descente ludique jusqu'à la route surplombant le Chassezac. La suivre sur la gauche pendant 900 m.

(3 : 220 m – 13,7 km) Prendre alors la piste à gauche montant au hameau de Luminière. A la sortie du hameau viser tout droit par la petite route celui de Seyras sur la route de crête, la D10.

…l'environnement et la propriété privée (cf p20)

(4 : 390 m – 16,7 km) Prendre cette route à gauche et au sommet de la petite bosse prendre la piste à droite, celle du milieu en fait. Elle tourne très vite vers le nord pour suivre le versant de manière isoniveau. En fond de vallon elle passe sur le versant opposé. Attention, 1,2 km après ce changement de versant la piste à gauche remonte directement à St Pierre mais elle nécessite un poussage. Lui préférer donc celle de droite en restant isoniveau, pour prendre à gauche seulement 1,5 km plus loin. Le parking de départ n'est plus qu'à 700 m.

Association intéressante : avec le circuit « les Vans St-Pierre-le-Déchausselat » pour faire un grand huit, avec tout de même 5 km de partie commune au milieu. Le résultat est cependant un tour grandiose et varié à faire à la journée.

45 - LES VANS PAYZAC

V4

Distance 32 km
Dénivelé 850 m
Horaire 4h30
Difficulté V4

Le bourg des Vans et son ambiance décontractée incitent plus au farniente qu'à l'effort, mais vous ne regretterez pas cette déambulation vallonnée et variée par les chemins, les corniches et les anciennes calades des contreforts sauvages des Cévennes ardéchoises.

ITINÉRAIRE (480 m) Départ du parking de la place Ollier, place centrale des Vans, par l'étroite montée du Carmel, coté nord de la place. Au sommet, après l'hôtel du Carmel, tourner à gauche en suivant le balisage jaune, et au carrefour 300 m plus loin, prendre à droite puis de suite à gauche, balisage GR. Cette route va se transformer en sentier tout en corniche, surplombant le Chassezac et Chambonas avec son château caractéristique. A l'extrémité nord de cette crête, suivre toujours le balisage pour descendre sur la droite jusqu'au hameau les Maisons, puis à gauche, toujours balisé, pour atteindre une petite route en bordure du Chassezac. Toute cette première partie est assez technique. La prendre sur la droite pour aller franchir la rivière sur un pont submersible. Puis tout droit, remonter en suivant le balisage jusqu'à l'église fortifiée des Salelles. Après un tour de l'église pour elle-même et sa vue, continuer la route sur 100 m pour alors plonger dans un beau sentier à gauche balisé GR. Attention au départ raide. En bas, après une béalière, et arrivé sur les immenses dalles bosselées du lit du Chassezac, faire un petit tour jusqu'aux passerelles, puis reprendre sur cette même rive la calade balisée qui remonte et qui devient un extraordinaire passage en corniche. A la route D413, la prendre à droite sur 400 m.

(1 : 235 m – 6,2 km) La laisser alors pour une plus petite route à gauche, direction les Moriers, Garder le balisage jusqu'au hameau, puis prendre le chemin à droite au-dessus du hameau. Attention, à prendre une bifurcation à droite pour un sentier balisé VTT. A une petite route, la prendre à gauche, puis à droite à la suivante de suite là. Dans le virage 50 m plus loin, tirer tout droit sur un chemin pour revenir à nouveau sur la route et la garder, en prenant à droite au bout, jusqu'au hameau Seyras, sur la route de crête, la D10. Prendre cette route à gauche et au bout de 450 m, au sommet d'une petite bosse, prendre la piste en goudron à droite. Elle tourne très vite vers le nord pour suivre le versant de manière isoniveau. En fond de vallon elle passe sur le versant opposé, et 1,2 km après ce changement de versant, se trouve un départ de chemin à gauche.

(2 : 360 m – 12,8 km) Ce chemin monte directement à St-Pierre-le-Déchausselat, ne pas le prendre, continuer la piste à flanc pendant encore 1,6 km pour là, l'abandonner en faveur d'une calade descendant à droite, direction la Crotte. A la croix, traverser la route et poursuivre par le sentier balisé entre les murets, direction les Pujols. Au hameau, pénétrer entre les maisons en suivant le balisage pour dénicher un sentier descendant sur la gauche. A la route, la traverser vers la droite pour retrouver la continuation du sentier de l'autre coté. Attention, 250 m plus loin prendre à droite à l'angle d'une vigne et remonter ensuite jusqu'à une piste à prendre à gauche pour retomber immédiatement sur une route. La suivre sur la droite en descente. 350 m plus loin, arrivé à la jonction avec la D310, la prendre à gauche en montant pendant 350m, puis dans un virage à gauche la quitter par un droite-gauche pour emprunter une piste balisée descendante jusqu'à un très beau vieux pont. Le franchir et remonter le chemin sur l'autre versant jusqu'à atteindre à son sommet un grand carrefour. Prendre la piste à droite, direction Champmajour, sur un kilomètre, pour la laisser en bifurquant sur la gauche pour monter au hameau des Chanels. Prendre sa route d'accès, et 250 m plus loin, attaquer à gauche une rude calade. En fait, cette dernière coupe une grande épingle de la route. Il est donc possible de l'éviter, mais ce serait dommage... Revenu à la route, la prendre à gauche pour tomber de suite sur la D207. La prendre à droite pour bifurquer moins de 100 m plus loin sur un chemin à gauche. A son extrémité dans le village de Payzac, aller à l'église par le goudron, en passant devant le pensionnat.

(3 : 390 m – 22,8 km) Devant l'église, prendre le chemin balisé à droite, traverser une petite route et rejoindre la D207. La traverser pour continuer sur un chemin à droite, puis au bout de 300 m avant des maisons, bifurquer à droite, et poursuivre en descente, ruisseau, puis remontée jusqu'à une petite route. La traverser et 300 m plus loin à la piste, prendre à gauche jusqu'au hameau des Salles. Le traverser tout droit afin de continuer en s'enfilant dans une ancienne calade en ligne droite et descendre jusqu'à une petite route à prendre sur la gauche. La poursuivre elle aussi tout droit pendant un peu plus de 2 km, jusqu'à l'entrée du hameau du Bosc.

(4 : 185 m – 27,5 km) A la placette jeu de boules à gauche, prendre à gauche et 150 m plus loin, au niveau des premières maisons, tourner à droite pour entrer dans le hameau des Boudoux, passer sous une voûte et prendre le sentier balisé descendant vers la Molette. Très beau sentier herbu à son début, puis caladé. A une grosse maison, poursuivre le sentier de l'autre coté de sa route d'accès, et descendre jusqu'en bas, au château de la Molette. Rejoindre la route des Vans, la prendre à droite et traverser le Chassezac. Au niveau du supermarché prendre la petite route à sa gauche pour rallier par derrière le centre des Vans en évitant la grande route.

Association intéressante : avec le circuit « St-Pierre-le-Déchausselat Malarce » pour faire un grand huit, avec tout de même 5 km de partie commune au milieu. Le résultat est cependant un tour grandiose et varié à faire à la journée.

46 - SABLIERES PRATAUBERAT

V5

Distance 29 km
Dénivelé 950 m
Horaire 4h00
Difficulté V5

Un vrai tracé ardéchois ! : du fond de la vallée de la Drobie jusqu'au plateau de la forêt de Prataubérat, en finissant par une pure et rude descente à couper le souffle ! Marches, calades, épingles, pente abrupte, et paysage de rêve... tout y est !

ITINÉRAIRE (510 m) Départ de la place de la mairie de Sablières, par la piste qui monte à droite sous le cimetière, direction Prataubérat. Dans la 4ème épingle à gauche, ou au bout de 1,5 km environ, faire un bref crochet à droite pour visiter la chapelle St Régis. Ensuite, ne plus la quitter jusqu'au sommet. C'est une ascension longue, sans trop d'ombre et assez régulière. Au km 6, ne pas prendre la piste de droite, continuer à monter. 800 m plus loin, prendre à gauche et poursuivre sur la piste principale en montant.

(1 : 1190 m – 9,0 km) Au carrefour du sommet, à proximité d'une réserve d'eau, prendre à gauche pour longer la crête sur 3,3 km jusqu'au col de Femme Morte, en rejoignant au passage le GR de Pays à mi-distance. Au carrefour de pistes du col, prendre celle qui descend vers le sud sur 2 km environ.

(2 : 1130 m – 14,0 km) Ne pas monter sur la route toute proche, mais continuer sur la gauche pour continuer sur un sentier balisé, à flanc de montagne. Le garder jusqu'à rejoindre le route D4. Puis le reprendre 100 m plus loin à gauche. Ne plus le lâcher jusqu'au hameau de la Fouette après une descente pierreuse.

(3 : 1040 m – 17,2 km) A la route au niveau de la maison, prendre le chemin balisé de suite à gauche, en direction de la Borie. A l'approche, et dans le hameau de la Borie, le poursuivre en descente sans plus se poser de question ! C'est maintenant une descente technique dans le plus pur style de l'Ardèche du Sud. Au bout de 2 km environ

de descente, arrivé sur des maison, abandonner le balisage pour préférer la route d'accès du hameau en descente jusqu'à la route D220. La traverser pour reprendre un sentier en face descendant, pendant un peu moins de 500 m, pour rejoindre la D220. La traverser à nouveau pour prendre un sentier remontant sur 50 m environ, jusqu'à une intersection. Attention à bien prendre le sentier du milieu pour arriver au hameau du Vialaret un kilomètre plus loin. Le prolonger jusqu'au Chambon , et là, traverser la route pour longer la Drobie. De nouveau à la route, après une courte et franche montée, reprendre de suite à droite, direction l'Escouderos, pont sur la Drobie, puis remontée à la route. Par un droite-gauche de 50 m, aller au Bizal. A la sortie du hameau, prendre un sentier à flanc sur la droite. Attention, son départ peut ne pas être bien clair... Le garder pratiquement isoniveau sur 1,7 km, avant qu'il ne redescende sur Sablières.

Association intéressante : le point 2 de ce tracé correspond au point 4 de celui « Monselgues la Femme Morte ». Une boucle de ce dernier peut donc facilement être raccrochée pour profiter plus longtemps du plateau avant d'attaquer la descente finale.

PLATEAU DES GORGES

Gorges de l'Ardèche, cirque de Gaud

C'est une vaste zone encore sauvage, car protégée, étendue entre Ruoms à l'ouest et la Vallée du Rhône à l'est. La rivière Ardèche y serpente jusqu'au Rhône, suivant une pente générale Sud-Est donnant jour à un spectacle naturel authentique : les exceptionnelles Gorges, son fameux et majestueux Pont d'Arc, sa grotte Chauvet aux peintures de 30 000 ans, sont autant de trésors naturels extraordinaires.

A l'exception de Vallon-Pont-d'Arc, son principal bourg, qui a été victime du légitime et énorme succès touristique des Gorges de l'Ardèche, plein de petits villages ont su garder leur âme hautentiquement méridionale, et le VTT est un excellent moyen pour les découvrir.

47 - L'AVEN D'ORGNAC LE GARN

V3

Distance 33 km
Dénivelé 580 m
Horaire 4h00
Difficulté V3

Un tour facile entre amis, sur les traces de nos préhistoriques ancêtres, avec un petit aller-retour sur un des plus beaux belvédères des Gorges de l'Ardèche, plus une sympathique incursion en territoire gardois... Associé à une visite de l'Aven d'Orgnac, une belle journée en perspective !

ITINÉRAIRE (300 m) Départ du parking de l'Aven d'Orgnac et du Musée de la Préhistoire, vers le nord-est par la piste dans la continuation de l'entrée du parking. Prendre la première piste à gauche au bout de 350 m environ, pour un crochet à la Baume de Ronze. Laisser le vélo et descendre à pied dans cet impressionnant site naturel et préhistorique majeur. Attention, à la date de rédaction il est en projet de fermer l'accès de la Baume de Ronze dans le cadre de sa protection. Une fois récupéré le vélo, poursuivre la piste sur 800 m, puis à droite sur 100 m, pour retomber sur la piste d'origine du parking. La prendre à gauche jusqu'à un grand carrefour de pistes avec une citerne DFCI. Tourner à droite pour rejoindre la route d'accès à l'Aven de la Forestière et la poursuivre jusqu'à atteindre la route D21.

(1 : 360 m – 4,1 km) La traverser pour prendre la grande piste en face tout droit, jusqu'à un embranchement au bout de 1,1 km. S'y arrêter pour visiter un beau dolmen sur la gauche. Bifurquer ensuite sur la piste de gauche pour la suivre en se fiant à chaque carrefour au balisage GR pendant 1,9 km pour déboucher sur une piste perpendiculaire qui est en fait le GR4. Le prendre sur la droite et le garder sur 4,0 km jusqu'au carrefour de l'aven des Ingranatières, après un crochet à l'ancienne Maison Forestière juste avant sur la gauche.

(2 : 360 m – 11,2 km) Après avoir visité l'entrée de l'aven, à gauche dans la végétation, prendre la piste à gauche pour un intéressant aller-retour à un belvédère embrassant les Gorges du rocher de la Cathédrale au Cirque de la Madeleine, avec une vue plongeante sur les ruines de la Maladrerie des Templiers. A la descente, à 4,2 km du carrefour, dans un grand virage à droite, tirer tout droit dans un sentier qui coupe une partie de la piste, partie qui sera alors appréciée lors de la remontée... *Variante évidente : ne pas faire cet aller-retour qui représente plus de 6 km et 150 m de de dénivelé, mais c'est dommage...* Une fois revenu au carrefour de départ, prendre la piste en face, direction le Garn, et après 150 m bifurquer sur le sentier à gauche. Le suivre pendant plus d'un kilomètre, en passant par un petit sommet, jusqu'à retomber sur la grande piste d'origine. La prendre sur 100 m à gauche pour la quitter de suite à gauche pour reprendre le sentier. Le suivre jusqu'à atteindre en bas, à vue ou en suivant le balisage, le mignon village gardois du Garn.

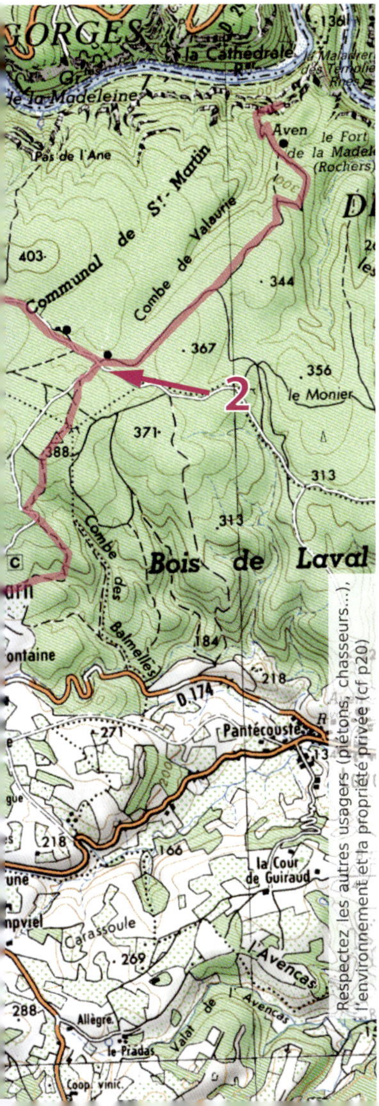

(3 : 265 m – 20,2 km) Dans le village, prendre une petite route sur la droite, vers l'est, jusqu'au hameau des Vignasses. A son niveau prendre la piste à gauche rejoignant la route D174. La prendre à droite sur 200 m, puis à gauche pour une piste à suivre pendant 800 m jusqu'à une petite route. La prendre à droite et la garder sans réfléchir pendant 3,3 km. Jusqu'à une intersection avec la route D712, dans un grand virage.

(4 : 225 m – 25,7 km) La prendre tout droit vers l'est pour la quitter 500 m plus loin en filant toujours tout droit dans un virage à gauche, sur une grande piste. La poursuivre jusqu'au fond d'un vallon, où, après le pont et au pied d'une forte remontée, il faut bifurquer à droite pour une piste montant calmement dans une combe. Au carrefour un kilomètre plus loin, poursuivre à droite sur 300 m. Là, au carrefour, prendre la petite route à droite, remontant franchement jusqu'à Massargues. Traverser le village vers l'ouest et à sa sortie, à la croix, prendre la petite route à gauche pendant 700 m. Re-à gauche sur une autre petite route sur 400 m, et encore à gauche pour une piste ramenant directement à la route D317, 500 m avant le parking de l'Aven d'Orgnac, en la prenant sur la droite.

48 - ST THOMÉ ST MONTAN

V4-

Distance 35 km
Dénivelé 1100 m
Horaire 4h15
Difficulté V4-

Tracé très vallonné, des contreforts du Coiron jusqu'au pays de la lavande sur le plateau des Gorges, par deux des plus beaux villages de la région : un vrai parcours de VTT, aussi physique que touristique.

ITINÉRAIRE (150 m) Départ de la place de l'Ecole de St Thomé, à coté de la mairie, en descendant derrière celle-ci par un chemin balisé. A la piste en bordure du ruisseau du Dardaillon, la prendre à gauche, puis franchir le ruisseau par le pont à droite Après le pont, prendre de suite à gauche pour franchir ensuite la rivière Nègue par un pont submersible. Au carrefour suivant, à la fin des vignes, prendre la piste balisé, direction Larnas et Baynes, à droite et ne plus la lâcher. C'est une montée exigeante par la conjonction de sa pente et de sa longueur. Une fois sur le plateau, poursuivre à travers les champs de la plaine de Baynes, pour atteindre un grand carrefour à la fin des champs.

(1 : 370 m – 4,7 km) *Variante 1 pour court-circuiter toute la boucle passant par St Montan : prendre à droite la piste rejoignant directement le point 3 en un peu plus d'un kilomètre.* Prendre la route à droite, direction St Montan, en tournant à gauche au carrefour en bas de la descente, jusqu'à rejoindre le GR42 juste après La Moure. A partir de là, suivre ce balisage en sentier descendant à flanc jusqu'à la route d'entrée à St Montan.

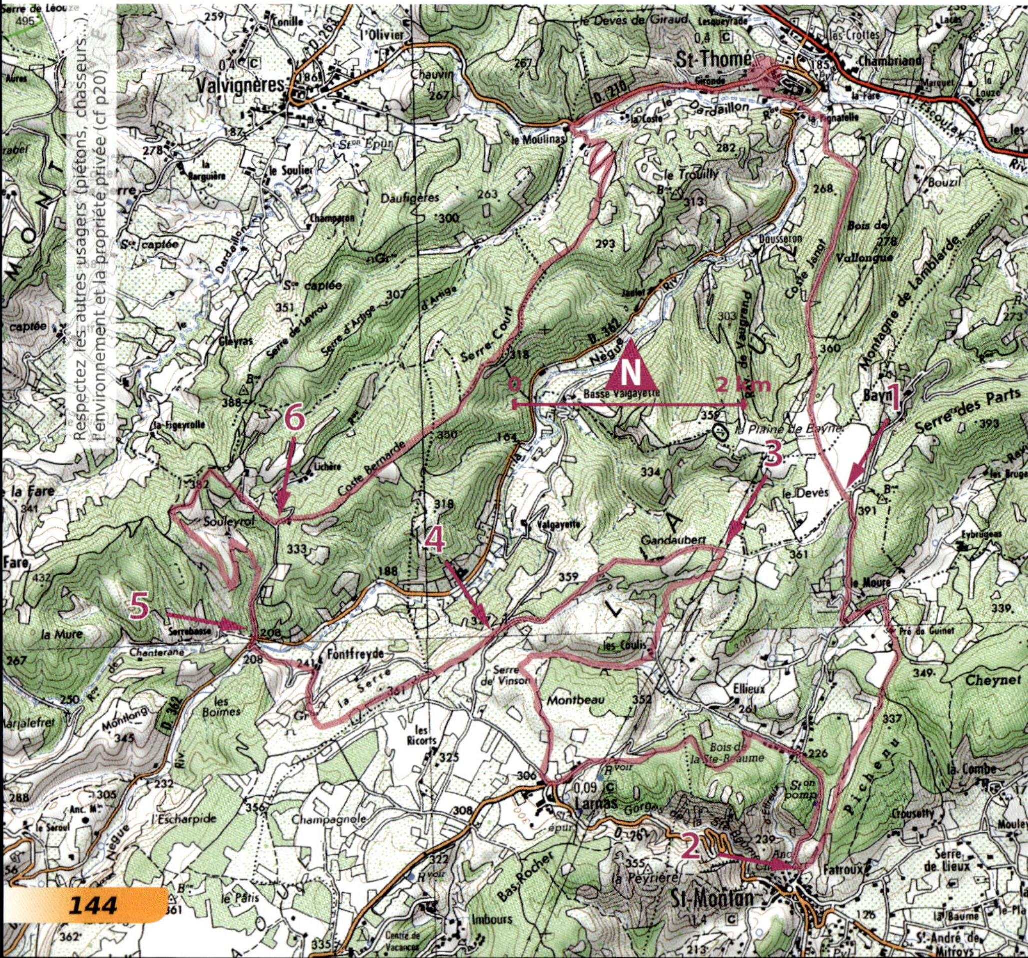

(2 : 130 m – 8,9 km) Prendre le temps de visiter ce merveilleux village médiéval surplombé de son château fort, village qui n'était encore que ruines en 1970 ! Ensuite reprendre la route d'arrivée en direction d'Ellieux (ou d'Eylieux). Au carrefour de la Croisette à 1,3 km, prendre à gauche direction Larnas, et 300 m après le pont prendre à gauche le chemin balisé en passant un petit pont et de suite à droite à la baraque de chasse. Ce chemin monte pour rejoindre, en gardant sa direction principale pendant 1,6 km, une route au carrefour de la croix. Prendre la route à gauche pour rejoindre Larnas. Après un inévitable arrêt à sa photogénique église, au carrefour tourner à droite direction Haute Valgayette et de suite à droite sur un chemin allant vers des vignes. A la dernière vigne à gauche avant une montée à ne pas prendre, longer cette vigne sur sa droite et dans son angle supérieur débusquer un sentier grimpant dans les bois et longeant une clôture. A son sommet il rejoint un autre chemin, à prendre sur la gauche, pour poursuivre en sentier dans les buis, jusqu'à arriver en terrain rocheux et dégagé. Là, prendre immédiatement à droite une trace descendant dans un vallon. *Variante 2 : continuer tout droit au lieu de tourner dans ce sentier, pour atteindre directement le point 4 en rejoignant la route et la prenant à droite sur 250 m.* Ce sentier descend dans un étroit et sauvage vallon, avec une entrée d'aven à droite à un moment donné. Ensuite, attention, sa sortie n'est pas évidente : une fois en bas, 150 m environ avant les lignes Haute Tension, il faut franchir le lit du ruisseau, quelques mètres en dessous du sentier, pour continuer en face dans un champ, jusqu'à rejoindre la route après Ellieux, pile à l'aplomb d'une des deux lignes Haute Tension. Prendre à gauche, et à la fin du goudron, poursuivre tout droit dans l'axe sur un chemin balisé pour rejoindre une piste, à nouveau sous les lignes électriques. Poursuivre à gauche le balisage, pour au bout de 300 m, arriver sur une grande piste perpendiculaire.

(3 : 350 m – 16,7 km) Prendre à gauche et la garder sur 2,0 km, jusqu'à un carrefour avec une croix. Prendre le temps d'admirer en face le panorama sur la charmante vallée de la Nègue, puis descendre la route à gauche sur 200 m seulement jusqu'au départ d'un chemin balisé à droite.

(4 : 335 m – 18,8 km) Prendre le chemin balisé à droite sur 600 m pour prendre à droite un sentier bien marqué qui rejoint rapidement une petite route dans un virage. Prendre cette dernière sur la gauche, pour la quitter 150 m plus loin en tirant tout droit, avant le virage suivant, sur un petite trace à travers la lande, avec dans l'axe à l'horizon la Dent de Rez. Poursuivre sur cette trace non-stop, en passant une clôture avec une poignée d'ouverture, et en attaquant une descente jusqu'au hameau de Fontfreyde. A la première maison, descendre sur la route du hameau pour atteindre l'épingle en son centre, où il faut continuer tout droit entre les maisons pour prendre sur la gauche la piste qui descend à flanc en dessous de la route. Une fois la route rejointe, continuer en descente jusqu'à la D362, la prendre sur la droite et traverser le pont.

(5 : 215 m – 22,3 km) Juste après le pont, tourner sur la route à gauche en direction de Lichère, et tout de suite après, emprunter à gauche un petit chemin herbu. *Variante 3 : pour éviter la montée en sentier qui suit, continuer sur la route jusqu'au point 6.* C'est alors une montée agréable jusqu'aux crêtes. Attention à bien prendre à gauche à 180°, au bout de 850 m, en dessous d'une maison avec des cyprès sur la droite de l'autre coté du vallon. Rejoindre la crête en tirant plutôt vers la droite, et une fois sur celle-ci, la suivre en montant. La trace est un peu brouillée mais en restant bien sur la crête, pas de souci. Une fois sur la piste blanche du sommet, la prendre à droite et rejoindre une route, celle de Lichère, au bout de 1,3 km.

(6 : 335 m – 25,8 km) Prendre à gauche, et au hangar agricole, bifurquer à droite pour emprunter la piste à gauche de ce hangar. La poursuivre en cheminant en crête sur 4 km environ avant de descendre sur le flanc droit de la montagne pour arriver au hameau du Moulinas. Là, continuer vers le bas par la route jusqu'à la D210, à prendre à droite jusqu'à St Thomé.

L'Ardèche et le Pont d'Arc

49 - LE RAZAL LE PONT D'ARC

V4

Distance 7 km
D+/D- 50/350
Horaire 0h45
Difficulté V4

Principalement constituée de la dernière partie du tracé « la Dent de Rez le Pont d'Arc » cette descente pure est un vrai régal de VTT par ses parties techniques et roulantes, et les paysages traversés et à admirés. A chacun de choisir si ce parcours est à consommer tel quel, avec dépose et récupération ou s'il est à intégrer dans un circuit plus large.

ITINÉRAIRE (410 m) Départ du Razal, sur la route de Vallon-Pont-d'Arc à St Remèze, dans le dernier grand virage à gauche, 1200 m exactement avant le sommet. Parmi les nombreux départs ou arrivées de pistes de cet endroit, choisir la plus haute, celle orientée parfaitement sud-est, et balisée en tant que GR4F en direction de St Remèze. La garder pendant 850 m environ, pour bifurquer sur un chemin à droite, juste après un virage à angle droit à gauche et un arrondi à droite. Au bout de moins de 300 m en ligne droite, ce chemin débouche sur une grande piste. La traverser pour trouver un sentier descendant jusqu'à rejoindre la piste au bout de 300 m environ. La descendre sur la gauche sur 350 m. Ralentir alors pour débusquer un départ discret de sentier à droite dans les arbres, juste avant le grand virage sur la gauche.

(1 : 320 m – 1,8 km) Attention il y a un deuxième sentier pas loin, ne pas se tromper : celui à prendre part en descente vers le nord et vers le haut du vallon . Superbe descente raide dans les pins jusqu'au ruisseau du Tiourre, avant de passer sur le flanc opposé du vallon pour une descente sur un long sentier très roulant et joueur. Ne pas en oublier d'admirer le paysage grandiose. A la sortie du hameau de Chames, avec sa chapelle et sa source potable, prendre à gauche pour rejoindre la route des Gorges. Il suffit alors de la prendre sur la droite sur un petit kilomètre à peine pour terminer en beauté au belvédère du célèbre Pont d'Arc.

Variante sur la fin : uniquement pour les spécialistes amateurs de descentes impossibles : en théorie vers le km 5,1, en tout cas 700 m avant la chapelle de Chames, possibilité de descendre droit dans la pente jusqu'au pont de la route des Gorges enjambant le Tiourre. Impressionnant, mais a déjà été réalisé avec succès.

Respectez les autres usagers (piétons, chasseurs...), l'environnement et la propriété privée (cf p20)

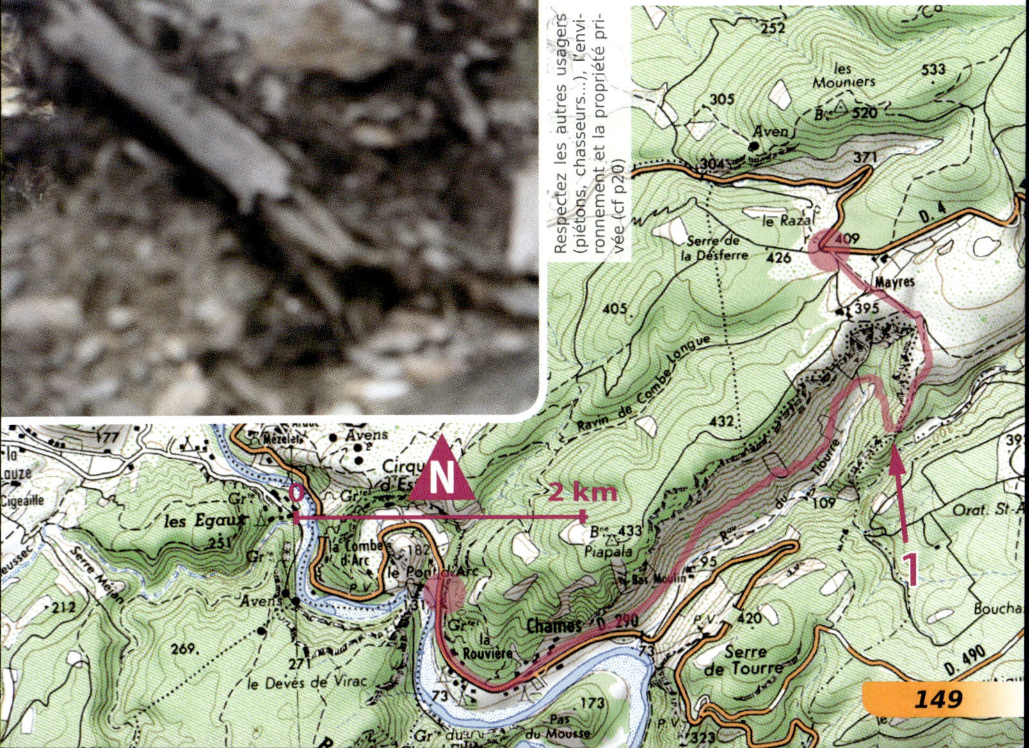

50 - SALAVAS VAGNAS

V4

Distance 31 km
Dénivelé 500 m
Horaire 4h00
Difficulté V4

Vous aimez les manèges tourbillonnants de fêtes foraines ? Vous allez adorer ce parcours ! En plus du décor superbe, et des chemins du cru, il vous régalera de ses terrains de jeux spécialement tracés par des vététistes fous pour votre plaisir. Allez, c'est parti pour le grand-huit, les montagnes russes et les labyrinthes ! Et avec un maximum de sentiers, bien sûr !

ITINÉRAIRE (100 m) Départ de la place du monument aux morts, à droite en venant de Vallon, juste avant le cimetière, sans au préalable avoir fait l'incontournable échauffement touristique dans les ruelles caladées et voûtées du vieux Salavas. Prendre la route principale, la D579, sur la gauche, direction Vallon, puis prendre la deuxième à gauche, direction le site d'escalade de Font Garnide. Au bout d'un kilomètre, quitter la route pour la piste menant au site. La monter jusqu'au réservoir d'eau. *Variante 1 : au bout de 1,4 km, après une épingle, un sentier part sur la gauche dans la pente pour arriver aussi au même endroit. Certes plus court et plus dur, mais plus « VTT »...* Au réservoir poursuivre par la piste en face, ne pas prendre celle de droite. La garder dans sa direction principale pendant un peu moins de 600 m, juste avant le sommet, pour prendre alors un chemin descendant à droite. 1er régal du tracé ! Arrivé à la piste en bas, la prendre à gauche pour remonter pendant 800 m jusqu'à un carrefour de pistes et chemins : prendre en face le chemin descendant jusqu'au Gour d'Estelle : 2ème régal ! A la fin du chemin, gros rochers en travers, ne pas prendre la route, mais de suite le chemin à droite descendant au Gour d'Estelle. Au goudron, le Gour est juste à droite pour une visite. Prendre à gauche la route pour rejoindre la D579.

(1 : 160 m – 8,8 km) La traverser pour une petite route en face, direction Champagnac. Au bout de 200 m de cette petite route prendre une trace dans l'herbe à gauche qui amène en 150 m sur un chemin, le GR4, à prendre à gauche. *Variante 2 : possibilité de court-circuiter la boucle suivante, en prenant le GR4 à droite et en le suivant sur 500 m pour se retrouver au point 1bis.* Arrivée à l'entrée d'une propriété privée, abandonner le balisage pour la contourner par la droite sur un sentier. Traverser un ruisseau et poursuivre jusqu'à tomber dans une épingle de piste. Prendre à droite, retraverser le ruisseau, et garder cette piste pierreuse sur 600 m environ, en montée, pour bifurquer à droite à une patte d'oie, pour un chemin terreux dans les bois. Ne plus le lâcher pendant 1,7 km pour arriver à un carrefour de pistes *(point 1bis)*. Prendre en face le chemin sur 50 m, puis à gauche pour une piste montante et pierreuse. Attention, au bout de 700 m faire un petit crochet par un sentier à droite dans les buis pour aller visiter un beau dolmen à 100 m de là. Une fois revenu sur la piste, la tenir toujours sur la droite

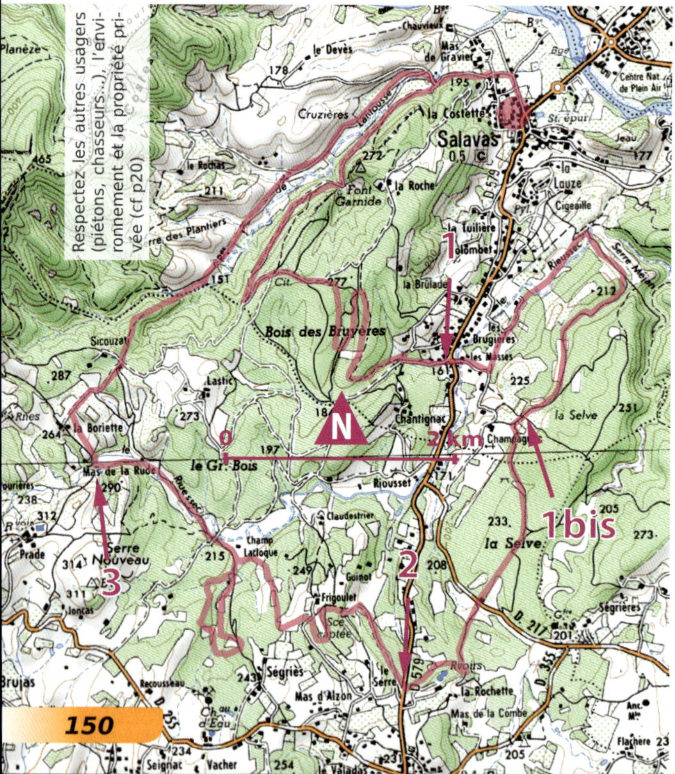

pour atteindre la route de la Bastide de Virac, la D217. La réfection de celle-ci à fait sauter la jonction : il faut donc la longer sur 50 m à droite, puis descendre par le talus pour la traverser afin de reprendre la continuation de la piste en face.

Ruelle de Salavas

(2 : 215 m – 14,9 km) Une fois sur la route de Vagnas, la D579, la traverser pour prendre en face le chemin du Monastier, vestiges d'un prieuré du IXème siècle. Après ses ruines, poursuivre jusqu'au lavoir et sa source, pour prendre alors le sentier balisé derrière lui. Petit portage, pour atteindre plus haut une piste blanche au niveau du Frigoulet, hôtel spécialisé VTT (!). C'est là que ça devient vraiment la fête foraine, mais, revers de la médaille, que ça se complique aussi au niveau itinéraire... Au carrefour de pistes immédiat, prendre à gauche pour passer devant une Tour Eiffel tronquée, et 200 m plus loin prendre un sentier sur la droite pour attaquer une boucle de 500 m revenant sur la Tour Eiffel.. C'était le 3ème régal ! Enchaîner de suite avec le 4ème régal, en reprenant un nouveau sentier en contrebas ! Il coupe la route d'accès à l'hôtel au bout de 200 m. Poursuivre la trace de l'autre coté sans se poser de question. Descendre dans un champ, traverser un petit ruisseau, et au carrefour après avoir longé un bois à gauche, prendre à gauche pour remonter par un petit « coup de cul » sur une piste ; la prendre à droite, puis seulement 50 m après, plonger à gauche dans un sentier pour le 5ème et gros régal sur un kilomètre ! En bas, à une piste, parmi les deux chemins de l'autre coté de la piste, coté bois, il faut prendre le chemin de droite et pas celui avec le pont. En fait, il s'agit d'une boucle de 3 km revenant justement par ce pont. C'est le 6ème régal ! mais plus physique. *Variante 3 évidente : ne pas faire cette boucle.* Monter en suivant toujours la trace principale, puis attaquer une série de virolots en montagnes russes, jusqu'à arriver au bout de 1,5 km dans une sorte de cratère chaotique fait de roches d'apparence magmatique, pourtant sans présence de volcan... Une météorite ? C'est un mystère géologique. A sa sortie, prendre la piste sur la gauche sur moins de 200 m pour plonger dans un sentier à gauche qui ramène ludiquement au pont du départ de la boucle ; juste attention à un passage raide. Prendre alors la piste à gauche dans le bois le long d'un champ jusqu'à un carrefour dégagé. Prendre tout droit la piste empierrée en face pendant 700 m. Au niveau de l'entrée d'une propriété privée, bifurquer à gauche pour descendre dans le ruisseau et le traverser à gué. Poursuivre jusqu'à un nouveau gué dans un virage.

(3 : 220 m – 24,8 km) Le franchir et monter en face pendant 500 m pour, une fois en vue d'une maison au bout de la piste, prendre un petit chemin sur la droite pour rejoindre une piste. La prendre sur la droite jusqu'au carrefour du hameau de Sicouzat. S'enfiler sur le sentier en face, et c'est reparti pour le 7ème, et dernier, régal ! Attention, passage raide en bas avant le ruisseau. Poursuivre pour remonter de l'autre coté du ruisseau, jusqu'à retrouver du goudron. Garder cette petite route le long du ruisseau pour rejoindre le départ de la piste du site d'escalade du début, après un pont sur le ruisseau. Poursuivre alors la route pour retourner à Salavas.

V4

Distance 60 km
Dénivelé 1300 m
Horaire 8h00
Difficulté V4

Un parcours faisant le tour du monument que sont les Gorges de l'Ardèche, ne peut être qu'un monument lui aussi ! Prévoir la journée pour savourer l'ambiance méditerranéenne sauvage et aride de ce plateau, gravé par des millénaires de flots tumultueux. Il ne faudra pas hésiter à rajouter quelques kilomètres pour des incursions jusqu'à l'aplomb des falaises.

ITINÉRAIRE

- Carte : voir pages suivantes -

(100 m) Départ du grand parking à gauche à l'entrée Ouest de Vallon-Pont-d'Arc en face d'un supermarché. Aller chercher derrière les tennis le chemin du pigeonnier (panneau « sans issue ») , puis en haut, prendre à droite jusqu'à rejoindre le contournement de Vallon juste avant le rond-point du pont de Salavas. Traverser et couper par un petit raccourci en face (panneau « sauf riverain ») pour prendre le pont sur l'Ardèche. Dans le village de Salavas prendre la première à gauche, rue du ruisseau St Julien, puis rue des Potiers, la calade de la Forge, la rue du Jeu de Ballon, et enfin à la place, à droite pour tomber sur une petite route , à prendre à gauche pour sortir

du village. Au km 2,7, tourner à droite sur la petite route perpendiculaire et de suite à gauche sur une route jusqu'à un départ de piste à droite au bout de 200 m environ. Là, deux fois à droite pour grimper un sentier. Au bout de 500 m, emprunter une piste sur la gauche pour traverser un lit de ruisseau et continuer en montant. Vers le haut à la patte d'oie, prendre la piste de droite pour la quitter rapidement pour la gauche afin de grimper sur la crête. Poursuivre sur la piste de crête vers le sud jusqu'à rejoindre la piste du GR4. La prendre à gauche pour une petite descente jusqu'au ruisseau. A gauche alors en abandonnant le GR pour remonter en face, jusqu'aux bâtiments de la Croix Bleue, au km 7,6. Les longer sur la gauche, coté nord donc, en gardant le goudron jusqu'à une maison. Prendre alors la piste longeant celle-ci sur 400 m et faire un gauche-droite pour continuer une piste direction sud-est tout droit pendant 900 m. Au carrefour prendre à gauche sur 200 m pour croiser à nouveau le GR4 au km 9,7.

(1 : 285 m – 9,7 km) Le prendre à gauche pour ne plus le quitter sur 18 km, jusqu'au village d'Aiguèze !! Malheureusement cette partie ne peut pas passer en bordure des Gorges, mais plusieurs chemins sur la gauche du GR permettent d'y accéder

(voir carte). Leur inconvénient est leur longueur et leur pente qui rajoutent à la difficulté générale de ce parcours, excepté le premier belvédère à ne pas manquer, car à seulement 100 m de la piste, au km 12,7, avec vue sur le méandre du château de Gaud. Les principaux points remarquables sur cette portion du GR 4 sont : le village martyr des Crottes au km 11,4, l'ancienne maison forestière au km 19,6, un dolmen à droite au km 20,9, et enfin, la très belle et joueuse descente en crête au-dessus de l'Ardèche pour arriver à Aiguèze, porte de sortie des Gorges.

(2 : 75 m – 27,4 km) Profiter de ce lieu magnifique, labellisé l'un des Plus Beaux Villages de France avant de poursuivre par derrière le château, avec un peu de portage, pour redescendre au bord de l'Ardèche pour aller la franchir par le pont suspendu de St Martin. Après un petit tour de la place principale, sortir de St Martin vers l'est et au carrefour avec la D290 prendre en face une route qui monte au nord vers les Aliberts. Au sommet, au carrefour de pistes après le replat, prendre à gauche. Au croisement du km 31,8 continuer tout droit pour descendre au fond du vallon et remonter en face, toujours direction plein nord. S'engager alors dans le vallon de Font Pouchon pour le remonter pendant 4 km environ jusqu'à croiser une route au km 35,8. La traverser par un droite-gauche pour continuer toujours vers le nord pendant 2 km jusqu'à la route D201 juste avant Bidon. La traverser pour aller au village par un chemin au-dessus de la route.

(3 : 300 m – 38,4 km) Rentrer dans le village par la rue principale puis prendre à gauche pour un chemin dominant à flanc rejoignant rapidement la route en contrebas. Juste avant la route prendre la piste sur la droite passant à coté des bâtiments d'une société spécialisée dans les voyages en Afrique. Quitter cette piste au bout d'un kilomètre environ sur la droite pour traverser des landes en direction de l'est en visant alors à vue un petit sommet avec des constructions. Pour l'atteindre, emprunter une petite route sur la gauche. Là, prendre le temps de faire le tour de cet étonnant hameau composé de maisons africaines. Rejoindre la petite route vers le nord jusqu'à la grand route D4. La traverser pour prendre la piste en face à suivre jusqu'à St Remèze. Visiter le village par ses petites rues avant de reprendre la D4 à sa sortie ouest. 900 m plus loin tourner à gauche sur une petite route jusqu'au hameau de Patroux. Suivre le balisage GR pour attaquer un sentier technique descendant, se transformant en chemin caillouteux s'élevant à flanc pendant 3 km,. En profiter pour admirer sur la gauche les superbes vues sur les vallons encaissés plongeant sur l'Ardèche tout en bas. Arrivé sur le grand replat à proximité de la route, poursuivre tout droit sur 600 m jusqu'au point le plus haut à 425 m d'altitude.

(4 : 425 m – 52,6 km) Là, prendre à gauche, et c'est le début d'une extraordinaire descente balisée de plus de 4 km, d'abord en piste, puis en sentier. Une fois sur une crête après un replat vers le km 56,8, ne pas manquer l'obligatoire détour de 200 m jusqu'au belvédère du Cirque d'Estres surplombant la Combe d'Arc et son incontournable Pont d'Arc. L'entrée de la grotte Chauvet, avec ses peintures de 30 000 ans, est juste en dessous. Reprendre le sentier balisé vers Vallon, la descente continue, de manière sévère, et attention aux escaliers à la fin. Dans la plaine, suivre le balisage sur un peu plus d'un kilomètre jusqu'à un rond-point. Prendre la route à droite, puis à gauche 300 m après jusqu'à remonter sur la rue principale de Vallon. La traverser pour rejoindre le parking du départ.

Hors itinéraire bien entendu...

Respectez les autres usagers (piétons, chasseurs...), l'environnement et la propriété privée (cf p20)
St-Remèze
Bidon
Aiguèze
St-Martin-d'
Laval-St-Roman
GORGES DE L'ARDÈCHE
Bois de Laval
Mal Bosc
Cirque de la Madeleine
les Pins de Bidon
le Patis de Gras
Champ Long
Aven Marzal
la Barthe
Plaine de Mal Bosc
la Plaine du Cayre
le Claud de Goudaud
le Pouzat
les Remparts du Garn
de Castelviel
la Grange de Meisselle
la Grande Montade
Rapide de Sauze
Sauze
Pantécouste
Trescouvieux
Briange
les Pastroux
Charbonnière
Beauregard
Grand Pas
Aven de Fontlongue
Mazet Centre équestre
le Grand Belvedère
Grotte de St-Marcel
Ranc Pointu
Bois de Trignan
D. 4
D. 201
D. 590
D. 690
D. 901
D. 290
D. 141
D. 180
D. 358
D. 174
3
2
N
0
2 km

52 - LA DENT DE REZ LE PONT D'ARC

V5

Distance 17 km
D+/D- 330/700
Horaire 2h00
Difficulté V5

Tracé composé de trois principales descentes, toutes grisantes, dont certaines techniquement ardues, avec entre, des liaisons de vrai VTT. Attention, en plein été la route des Gorges pour rejoindre Vallon est très pénible en raison d'une circulation intense et incessante.

ITINÉRAIRE

(410 m) Départ du hameau des Hellys sur la route entre St Remèze et Gras. Attention, la piste balisée pour monter au col d'Eyrole est momentanément interdite à la date de rédaction. Dans ce cas emprunter la route montant au hameau de Reynouard, en prenant deux fois à gauche aux intersections de route. Au bout de 1,6 km, au niveau d'un réservoir d'eau, le goudron laisse la place à une piste caillouteuse en pente sérieuse. La garder jusqu'au col d'Eyrole et la poursuivre encore 800 m environ en montée, pour attendre le replat du sommet. A cet endroit, laisser la piste pour un petit sentier à gauche serpentant sur le plat et suivre le balisage sur 1,3 km, jusqu'au début de la première descente.

(1 : 650 m – 5,0 km) Franchir un lapia calcaire difficile, puis plonger dans le bois toujours en suivant le balisage. Le départ se fera certainement à pied, pour ensuite attaquer la descente sur le vélo par une succession de morceaux raides et de pierriers costauds. Une fois sur un replat dégagé sur le flanc du vallon, laisser le balisage pour prendre le premier sentier à gauche grimpant dur jusqu'à une manche à air pour parapente, avec un splendide point de vue sur la plaine de St Remèze et le plateau des Gorges. C'est le début de la deuxième descente. La prendre à flanc vers la gauche (est) pendant 500 m. Vers la fin de ce tronçon, attention à un passage très raide droit dans la pente. Une fois rejoint un chemin, repartir à flanc vers la droite (ouest) et se tenir à flanc par un sentier roulant sur un kilomètre environ jusqu'à retomber sur une piste perpendiculaire balisée, descendant sur la gauche jusqu'à la route de St Remèze, la D4.

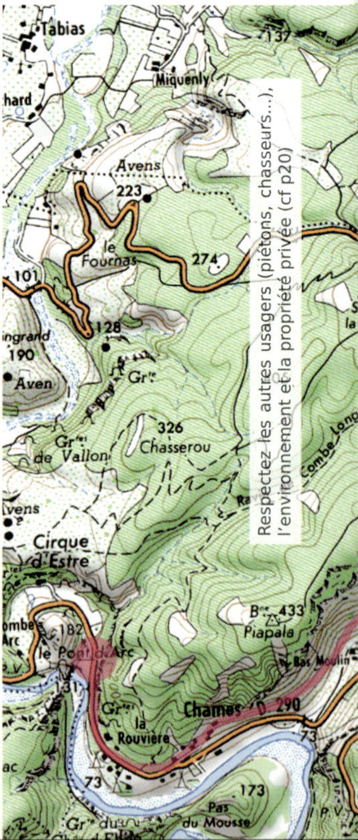

Respectez les autres usagers (piétons, chasseurs...), l'environnement et la propriété privée (cf p20)

Association intéressante : avec la première partie du circuit « Lagorce la Dent de Rez » pour accéder au sommet de la Dent de Rez. Ensuite, redescendre sur le col d'Eyrole pour faire toute la descente jusqu'au Pont d'Arc, en gardant en tête que cette descente est cotée V5... ! Pour la fin, il n'est pas difficile de rejoindre Lagorce par la route via Vallon.

(2 : 370 m – 8,2 km) La prendre à droite sur 500 m et bifurquer alors à gauche sur une petite route en direction de Patroux. Dans le hameau suivre le balisage pour attaquer une courte descente technique. Au ruisseau en bas, poursuivre pendant 1,5 km sur un chemin caillouteux globalement montant, surplombant le vallon de Pissevieille. Sur le replat après cette distance prendre la nouvelle piste plutôt à gauche en ligne droite sur 250 m environ.

(3 : 370 m – 12,0 km) Là, au niveau d'un chemin arrivant de la droite, c'est le début de la troisième descente : le dessert ! Prendre un sentier descendant à gauche, jusqu'à rejoindre la piste au bout de 300 m environ. La descendre sur la gauche sur 350 m. Ralentir alors pour débusquer un départ de sentier à droite dans les arbres, juste avant le grand virage sur la gauche. Attention il y a un deuxième sentier pas loin, ne pas se tromper : celui à prendre part en descente vers le nord et vers le haut du vallon. Superbe descente raide dans les pins jusqu'au ruisseau du Tiourre, avant de passer sur le flanc opposé du vallon pour une descente sur un sentier très roulant et joueur. Ne pas en oublier d'admirer le paysage grandiose. A la sortie du hameau de Chames, avec sa chapelle et sa source potable, prendre à gauche pour rejoindre la route des Gorges. Il suffit alors de la prendre sur la droite sur un petit kilomètre à peine pour terminer en beauté au belvédère du célèbre Pont d'Arc.

Variante sur la fin : uniquement pour les spécialistes amateurs de descentes impossibles : en théorie vers le km 16, en tout cas 700 m avant la chapelle de Chames, possibilité de descendre droit dans la pente jusqu'au pont de la route des Gorges enjambant le Tiourre. Impressionnant, et a déjà été réalisé avec succès.

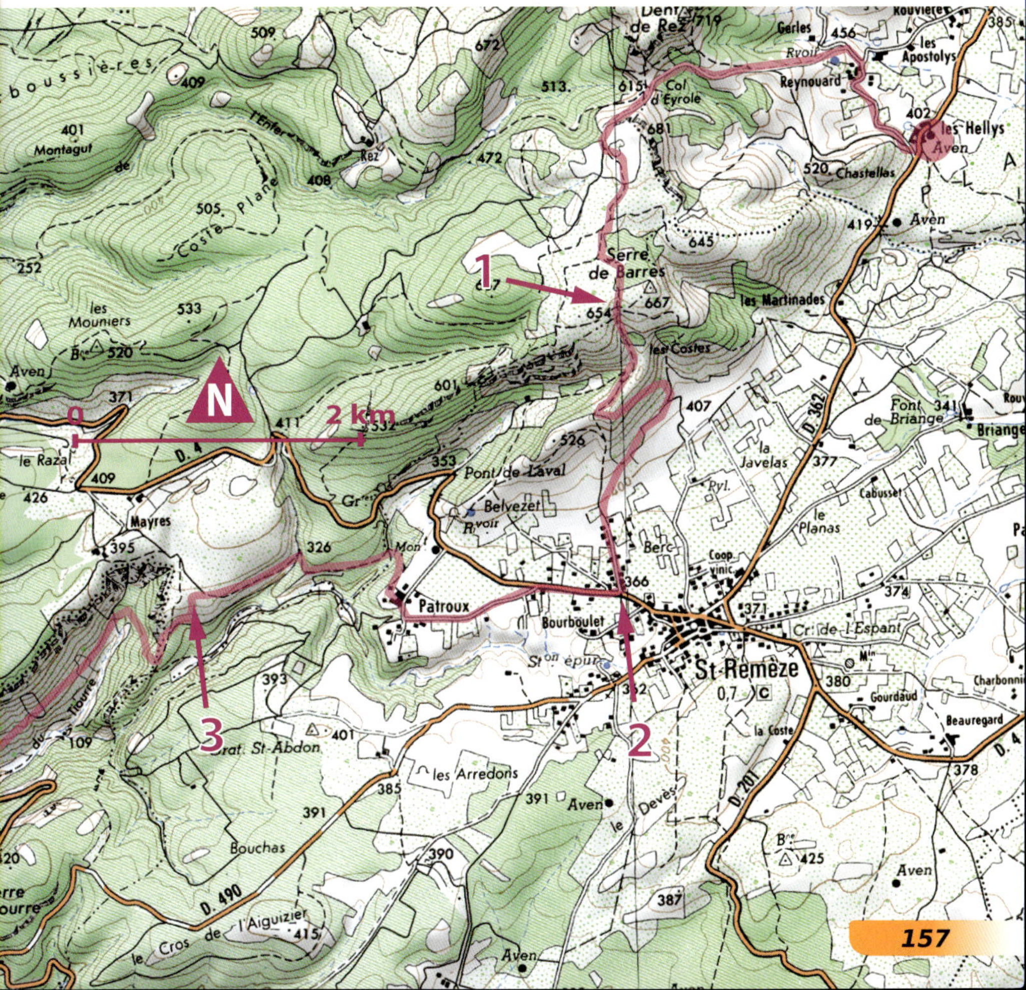

NARBAIX
FOX

VTOPO Collection

www.vtopo.fr

Sur www.vtopo.fr :

- Retrouvez toutes les infos de la collection VTOPO
- Participez au site VTOPO
- Postez et consultez les commentaires des circuits
- Retrouvez des images et des vidéos des circuits VTOPO
- Accédez à nos offres d'emploi
- Commandez vos VTOPO

Les collections VTOPO

Les éditions VTOPO vous proposent toutes sortes de livres et de guides : topo-guides escalade et VTT, guides de voyage... Nos ouvrages se retrouvent dans les librairies, les points presse, les magasins de sport, la grande distribution et sur www.vtopo.fr

Achevé d'imprimer en mars 2011 en France
Dépôt légal : avril 2011